아이가 주인공인 책

아이는 스스로 생각하고 매일 성장합니다.
부모가 아이를 존중하고 그 가능성을 믿을 때
새로운 문제들을 스스로 해결해 나갈 수 있습니다.

〈기적의 학습서〉는 아이가 주인공인 책입니다.
탄탄한 실력을 만드는 체계적인 학습법으로
아이의 공부 자신감을 높여 줍니다.

아이의 가능성과 꿈을 응원해 주세요.
아이가 주인공인 분위기를 만들어 주고,
작은 노력과 땀방울에 큰 박수를 보내 주세요.
〈기적의 학습서〉가 자녀 교육에 힘이 되겠습니다.

조심조심 착은히 통
해야된다.

숙제가 하기 싫었는데 매미쏘리덕어
한 빛 기운이좋아졌다

미래의 내 모습 그리고 설명하기

나는 식당을 열어
서 고아원 아이들을 그리고
도와 줄겁니다
아이들이되어 울지 히줄겁니
성우도되어 어린이를웃게 할겁니

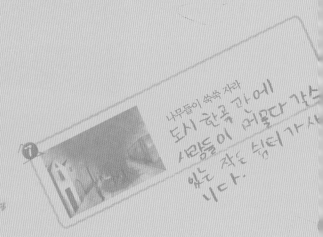

나무들이 쑥쑥 자라
도시 한곳 같에
사람들이 머물다 간스
있는 작은 쉼터가사
니다.

다섯친구들을 아주 용감하
다. 다섯친구들 ◎ ✕ ☺
너무 좋다.

어이없이 소원을빌었어
이제 나무를 잘 패세요.

그 다섯 명이
쎌줄도 몰르고
덤벼서 너무아
프고 억울해
또 만나면 흔
내줄거야
호랑이

언제	새벽5시에
어디에서	집에서
누구와	나와
무슨일	너워서새벽5시에일어낫다

[기적의 독서 논술] 샘플을 먼저 경험한 전국의 주인공들

강민준　공현욱　구민서　구본준　권다은　권민재　김가은　김규리　김도연　김서현　김성훈
김윤아　김은서　김정원　김태완　김현우　남혜인　노윤아　노혜욱　류수영　박선율　박세은
박은서　박재현　박주안　박채운　박채환　박현우　배건웅　서아영　손승우　신예나　심민규
심준우　양서정　오수빈　온하늘　원현정　유혜수　윤서연　윤호찬　이 솔　이준기　이준혁
이하연　이효정　장보경　전예찬　전헌재　정윤서　정지우　조연서　조영민　조은상　주하림
　　　지예인　진하윤　천태희　최예린　최정연　추예은　허준석　홍주원　홍주혁

"
고맙습니다.
우리 친구들 덕분에 이 책을 잘 만들 수 있었습니다.
"

안녕? 난 **뚱**이라고 해. 2019살이야.

디자이너 비따쌤이 만들었는데, 길벗쌤이 날 딱 보더니 엉뚱한 생각을 많이 할 것 같다고

'뚱'이란 이름을 지어 줬어. (뚱뚱해서 지은 거 아니야! 화났뚱) 나는 이 책에 가끔 나와.

새싹뚱, 글자뚱, 읽는뚱, 쓰는뚱, 생각뚱, 탐구뚱, 박사뚱, 말뚱, 놀뚱, 쉴뚱! (💩 **똥** 아니야! 잘 봐~)

너희들 읽기도 쓰기도 하는 둥 마는 둥 할까 봐 내가 아주 걱정이 많아. 그래서 살짝뚱 도와줄 거야.

같이 해 보자고!! 뚱뚱~~

초등 문해력, 쓰기로 완성한다!

기 적 의
독서 논술

길벗스쿨

기적의 독서 논술 ② 초등 1학년

초판 1쇄 발행 2020년 2월 2일
개정 1쇄 발행 2024년 4월 11일

지은이 기적학습연구소
발행인 이종원
발행처 길벗스쿨
출판사 등록일 2006년 6월 16일
주소 서울시 마포구 월드컵로 10길 56(서교동 467-9)
대표 전화 02)332-0931 | **팩스** 02)323-0586
홈페이지 www.gilbutschool.co.kr | **이메일** gilbut@gilbut.co.kr

기획 신경아(skalion@gilbut.co.kr) | **책임 편집** 박은숙, 유명희, 이은정
제작 이준호, 손일순, 이진혁 | **영업마케팅** 문세연, 박선경, 박다슬 | **웹마케팅** 박달님, 이재윤, 나혜연
영업관리 김명자, 정경화 | **독자지원** 윤정아

디자인 디자인비따 | **전산편집** 디그린, 린 기획
편집 진행 이은정 | **교정 교열** 백영주
표지 일러스트 이승정 | **본문 일러스트** 이주연, 루인, 조수희, 백정석, 김지아
CTP출력 및 인쇄 교보피앤비 | **제본** 경문제책

ISBN 979-11-6406-672-8 64710
(길벗스쿨 도서번호 10940)
정가 12,000원

독자의 1초를 아껴주는 정성 길벗출판사

길벗스쿨 | 국어학습서, 수학학습서, 유아학습서, 어학학습서, 어린이교양서, 교과서
길벗 | IT실용서, IT/일반 수험서, IT전문서, 경제실용서, 취미실용서, 건강실용서, 자녀교육서
더퀘스트 | 인문교양서, 비즈니스서
길벗이지톡 | 어학단행본, 어학수험서

'읽다'라는 동사에는 명령형이 먹혀들지 않는다.

이를테면 '사랑하다'라든가 '꿈꾸다' 같은 동사처럼,

'읽다'는 명령형으로 쓰면 거부 반응을 일으키는 것이다. 물론 줄기차게 시도해 볼 수는 있다.

"사랑해라!", "꿈을 가져라."라든가, "책 좀 읽어라, 제발!", "너, 이 자식, 책 읽으라고 했잖아!"라고.

효과는? 전혀 없다.

－『다니엘 페나크, 〈소설처럼〉 중에서 』

이 책을 기획하면서 읽었던 많은 독서 교육 관련 책 중에 가장 기억에 남는 구절이었습니다. 볼거리와 놀거리가 차고 넘치는 세상에서 아이들에게 그럼에도 불구하고 '독서가 답이야.'라고 말해 주고 싶어서 이 책을 기획했습니다. 그래서 어떻게 하면 '독서(읽다)와 논술(쓰다)'이라는 말이 명령형처럼 들리지 않을까 고민했습니다. '혼자서도 할 수 있어.'에서 '같이 해 보자.'로 방법을 바꿔 제안합니다.

독서도 연산처럼 훈련이 필요한 학습입니다. 글자를 뗀 이후부터 혼자서 책을 척척 찾아 읽고, 독서 감상문도 줄줄 잘 쓰는 친구가 있을까요? 처음에는 쉽지 않습니다. 초보 독서에서 벗어나 능숙한 독서가로 성장하기 위해서는 무릎 학교 선생님(부모님)의 도움이 필요합니다. 가랑비에 옷 젖듯, 매일 조금씩 천천히 함께 책 읽는 시간을 가져 보세요. 그리고 읽은 것에 대해 이런저런 대화를 나누어 보세요. 함께 책을 읽는 연습이 되어야 생각하는 힘이 생기고, 자기 생각을 표현하는 방법도 깨우치게 됩니다.

아이가 잘 읽고 있다고 생각할 수 있지만, 내용을 금방 파악하기 어려울 수 있습니다. 이럴 때 부모님께서 함께 글의 내용을 떠올려 봐 주시고, 생각의 물꼬를 터 주신다면 아이들은 쉽게 글 속으로 빠져들게 될 것입니다.

생각을 표현하는 것 또한 녹록지 않을 수 있습니다. 처음부터 완벽한 문장으로 쓰기를 기대하지 마세요. 읽는 것만큼 쓰는 것도 자주 해 봐야 늡니다. 쓰기를 특히 어려워한다면 말로 표현해 보라고 먼저 권유해 주세요. 한 주에 한 편씩 읽고 쓰고 대화하는 동안에 공감 능력과 이해력이 생기고, 생각하고 표현하는 능력이 향상될 것입니다.

초등 공부는 읽기로 시작해서 쓰기로 완성됩니다. 지금 이 책이 그 효과적인 독서 교육 방법을 제안합니다. 이 책을 선택하신 무릎 학교 선생님, 우리 아이에게 딱 맞는 독서 교육가가 되어 주십시오. 아이와 함께 할 때 효과는 배가 될 것입니다.

2020. 2

기적학습연구소 일동

〈기적의 독서 논술〉은 매주 한 편씩 깊이 있게 글을 읽고 생각을 쓰면서 사고력을 키우는 초등 학년별 독서 논술 프로그램입니다.

눈에만 담는 독서에서 벗어나, 읽고 떠오르는 생각과 감정을 밖으로 표현해 보세요. 매주 새로운 글을 통해 생각 훈련을 하다 보면, 어휘력과 독해력은 물론 표현력까지 기를 수 있습니다. 예비 초등을 시작으로 학년별 2권씩, 총 14권으로 구성되어 있습니다.

* 초등 고학년(5~6학년)을 대상으로 한 〈기적의 역사 논술〉도 함께 출시되어 있습니다. 〈기적의 역사 논술〉은 매주 한 편씩 한국사 스토리를 통해 역사적 맥락을 이해하고, 그 의미를 파악하며 생각을 써 보는 통합 사고력 프로그램입니다.

① 학년(연령)별 구성

학년별 2권 구성

한 학기에 한 권씩 독서 논술을 테마로 학습 계획을 짜 보는 것은 어떨까요?

독서 프로그램 차등 설계

읽기 역량을 고려하여 본문의 구성도 차등 적용하였습니다.

예비 초등과 초등 1학년은 짧은 글을 중심으로 장면별로 끊어 읽는 독서법을 채택하였습니다. 초등 2~4학년은 한 편의 글을 앞뒤로 나누어 읽도록 하였고, 초등 5~6학년은 한 편의 글을 끊지 않고 쭉 이어서 읽도록 하였습니다. 글을 읽은 뒤에는 글의 내용을 확인 정리하면서 생각을 펼칠 수 있도록 설계하였습니다.

▶선택팁 단계별(학년별)로 읽기 분량이나 서술·논술형 문제에 난이도 차가 있습니다. 아이 학년에 맞게 책을 선택하시되 첫 주의 내용을 보시고 너무 어렵겠다 싶으시면 전 단계를, 이 정도면 수월하겠다 싶으시면 다음 권을 선택하셔서 학습하시길 추천드립니다.

② 읽기 역량을 고려한 다채로운 읽기물 선정 (커리큘럼 소개)

권	주	읽기물	주제	장르	비고	특강
P1	1	염소네 대문	친구 사귀기	창작 동화	인문, 사회	한 장면 생각 표현
	2	바람과 해님	지혜, 온화함	명작 동화	인문, 과학	
	3	임금님 귀는 당나귀 귀	비밀 지키기	전래 동화	인문, 사회	
	4	숲속 꼬마 사자의 변신	바른 태도로 듣기	창작 동화	사회, 언어	
P2	1	수상한 아저씨의 뚝딱 목공소	편견, 직업	창작 동화	인문, 기술	한 장면 생각 표현
	2	짧아진 바지	효, 소통	전래 동화	사회, 문화	
	3	레옹을 부탁해요	유기묘, 동물 사랑	창작 동화	인문, 과학	
	4	어리석은 소원	신중하게 생각하기	명작 동화	인문, 사회	
1	1	글자가 사라진다면	한글의 소중함	창작 동화	언어, 사회	그림일기 사람을 소개하는 글
	2	노란색 운동화	쓸모와 나눔	창작 동화	사회, 경제	
	3	재주 많은 다섯 친구	재능	전래 동화	인문, 기술	
	4	우리는 한 가족	가족 호칭	지식 동화	사회, 문화	
2	1	토끼의 재판	은혜, 이웃 도와주기	전래 동화	인문, 사회	일기 물건을 설명하는 글
	2	신통방통 소식통	감각 기관	설명문	과학, 기술	
	3	숲속 거인의 흥미진진 퀴즈	도형	지식 동화	과학, 수학	
	4	열두 띠 이야기	열두 띠가 생겨난 유래	지식 동화	사회, 문화	
3	1	당신이 하는 일은 모두 옳아요	믿음	명작 동화	인문, 사회	부탁하는 글 편지
	2	바깥 활동 안전 수첩	안전 수칙	설명문	사회, 안전	
	3	이르기 대장 나최고	이해, 나쁜 습관	창작 동화	인문, 사회	
	4	우리 땅 곤충 관찰기	여름에 만나는 곤충	관찰 기록문	과학, 기술	
4	1	고제는 알고 있다	친구 이해	창작 동화	인문, 사회	책을 소개하는 글 관찰 기록문
	2	여성을 위한 변호사 이태영	위인, 남녀평등	전기문	사회, 문화	
	3	염색약이냐 연필깎이냐, 그것이 문제로다!	현명한 선택	경제 동화	사회, 경제	
	4	내 직업은 직업 발명가	직업 선택	지식 동화	사회, 기술	
5	1	지하 정원	성실함, 선행	창작 동화	사회, 철학	독서 감상문 제안하는 글
	2	내 친구가 사는 곳이 궁금해	대도시와 마을	지식 동화	사회, 지리	
	3	팥죽 호랑이와 일곱 녀석	배려와 공감	반전 동화	인문, 사회	
	4	수다쟁이 피피의 요란한 바다 여행	환경 보호, 미세 플라스틱 문제	지식 동화	과학, 환경	
6	1	여행	여행, 체험	동시	인문, 문화	설명문 시
	2	마녀의 빵	적절한 상황 판단	명작 동화	인문, 사회	
	3	숨바꼭질	자존감	창작 동화	사회, 문화	
	4	한반도의 동물을 구하라!	한반도의 멸종 동물들	설명문	과학, 환경	
7	1	작은 총알 하나	전쟁 반대, 평화	창작 동화	인문, 평화	기행문 논설문
	2	백제의 숨결, 무령왕릉	문화 유산 답사	기행문	역사, 문화	
	3	돌멩이 수프	공동체, 나눔	명작 동화	사회, 문화	
	4	우리 교실에 벼가 자라요	식물의 한살이	지식 동화	과학, 기술	
8	1	헬로! 두떡 마켓	북한 주민 정착	창작 동화	사회, 문화	기사문 연설문
	2	2005 스탠퍼드대학교 졸업식 연설문	끊임없는 도전 정신	연설문	과학, 기술	
	3	피부색으로 차별받지 않는 무지개 나라	편견과 차별	지식 동화	문화, 역사	
	4	양반전	위선과 무능 풍자	고전 소설	사회, 문화	

3 어휘력 + 독해력 + 표현력을 한번에 잡는 3단계 독서 프로그램

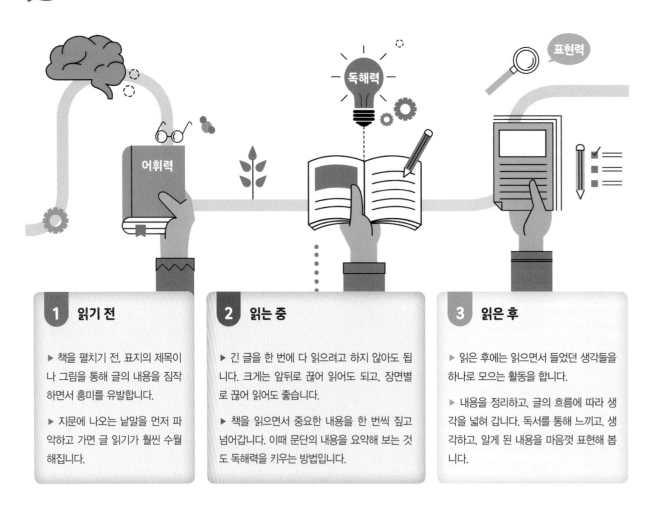

1 읽기 전

▶ 책을 펼치기 전, 표지의 제목이나 그림을 통해 글의 내용을 짐작하면서 흥미를 유발합니다.

▶ 지문에 나오는 낱말을 먼저 파악하고 가면 글 읽기가 훨씬 수월해집니다.

2 읽는 중

▶ 긴 글을 한 번에 다 읽으려고 하지 않아도 됩니다. 크게는 앞뒤로 끊어 읽어도 되고, 장면별로 끊어 읽어도 좋습니다.

▶ 책을 읽으면서 중요한 내용을 한 번씩 짚고 넘어갑니다. 이때 문단의 내용을 요약해 보는 것도 독해력을 키우는 방법입니다.

3 읽은 후

▶ 읽은 후에는 읽으면서 들었던 생각들을 하나로 모으는 활동을 합니다.

▶ 내용을 정리하고, 글의 흐름에 따라 생각을 넓혀 갑니다. 독서를 통해 느끼고, 생각하고, 알게 된 내용을 마음껏 표현해 봅니다.

예비 초등~1학년의 독서법

읽기 능력을 살리는 '장면별 끊어 읽기'

창작/전래/이솝 우화 등 짧지만 아이들의 감성을 자극하고 공감을 끌어낼 수 있는 이야기글을 수록하였습니다. 어린 연령일수록 읽기에 대한 거부감을 줄이고, 독서에 대한 재미를 더합니다.

2학년 이상의 독서법

사고력과 비판력을 키우는 '깊이 읽기'

동화뿐 아니라 시, 전기문, 기행문, 설명문, 연설문, 고전 등 다양한 갈래를 다루고 있습니다. 읽기 능력 신장을 위해 저학년에 비해 긴 글을 앞뒤로 나누어 읽어 봅니다. 흥미로운 주제와 시공간을 넘나드는 폭넓은 소재로 아이들의 생각을 펼칠 수 있게 하였습니다.

4 사고력 확장을 위한 서술·논술형 문제 출제

초등학생에게 논술은 '생각 쓰기 연습'에 해당합니다.

교육 평가 과정이 객관식에서 주관식 평가로 점차 변화하고 있습니다. 학교에서는 지필고사를 대신한 수행평가가 수시로 이루어지고 있습니다. 정오답을 찾는 단선적인 객관식보다 사고력을 평가할 수 있는 주관식의 비율이 높아지고, 국어뿐 아니라 수학, 사회, 과학 등 서술형 평가가 확대되고 있습니다. 이런 평가를 대비하여 글을 읽고, 생각을 표현하는 방법을 다각도로 훈련할 수 있도록 구성하였습니다.

이 책에서 출제된 서술·논술형 문제 유형은 다음과 같습니다.

> "만약에 나라면 어떻게 했을지 쓰세요." 균형, 비판

> "왜 그런 행동(말)을 했을지 쓰세요." 공감, 논리

> "다음과 같은 상황에 처했을 때 주인공은 어떻게 했을지 쓰세요." 창의, 비판

> "등장인물에게 나는 어떤 말을 해 주고 싶은지 쓰세요." 공감, 균형

> "A와 B의 비슷한(다른) 점은 무엇인지 쓰세요." 논리, 비판

글을 읽을 때 생각이 자라지만, 생각한 바를 표현할 때에도 사고력은 더 확장됩니다. 꼼꼼하게 읽고, 중간중간 내용을 확인한 후에 전체적으로 읽은 내용을 정리해 봄으로써 생각을 다듬고 넓혀 갈 수 있습니다. 한 편의 글을 통해 주인공의 입장이 되어 보기도 하고, '나라면 어땠을까?'를 생각해 보는 연습이 논술에 해당합니다. 하나의 주제를 담고 있는 글을 읽고 내용의 옳고 그름을 판단하기도 하고, 글의 전체적인 맥락을 파악함으로써 논리적이고 비판적인 사고를 할 수 있습니다.

▶ **지도팁** 장문의 글을 써야 하는 논술 문제는 없지만, 자신의 생각을 마음껏 표현할 수 있게 유도해 주세요. 글로 바로 쓰는 게 어렵다면 말로 표현해 볼 수 있도록 지도해 주시기 바랍니다. 말로 표현한 것을 문장으로 다듬어 쓰다 보면, 생각한 것이 어느 정도 정리됩니다. 여러 번 연습한 후에 논리가 생기고, 표현력 또한 자라게 될 것입니다. 다소 엉뚱한 대답일지라도 나름의 논리와 생각의 과정이 건강하다면 칭찬을 아끼지 마십시오.

이렇게 활용하면 좋아요!

1학년을 위한 **1**권 / **2**권

아직은 책 읽는 것이 서툴기 때문에 책에 대해 흥미를 가질 수 있도록 정해진 시간에 책을 읽어 주거나 실감 나게 동화를 구연해 주는 활동적인 독서 방법이 필요합니다.

부모님이 소리 내어 읽어 주시고,
아이는 들으면서 독서와 논술을 진행하는 것을
권장합니다.

🌸 공부 계획 세우기

13쪽
권별 전체 학습 계획

**주차 학습
시작 페이지**
주별 학습 확인

한 주에 한 편씩, 5일차 학습 설계

학습자의 읽기 역량에 따라 하루에 1~2일차를 이어서 할 수도 있고, 1일차씩 끊어서 학습할 수도 있습니다.
계획한 대로 학습이 이루어졌는지 자기 점검을 꼭 해 보세요.

🌸 학년별 특강 [갈래별 글쓰기]

국어과 쓰기 학습에 필요한 '갈래별 글쓰기' 연습을 통해 표현력을 키울 수 있도록 구성하였습니다.

그림일기를 시작으로 기행문, 논설문까지 국어 교과서에서 학년별로 다루는 다양한 갈래의 개념을 설명하고, 이를 구조적으로 쉽게 풀어서 쓸 수 있는 방법을 연습합니다.

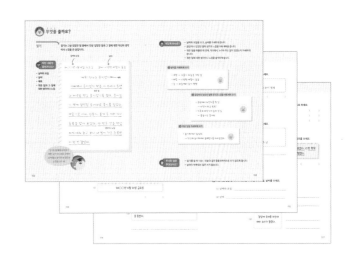

지도팁 쓰기에 취약한 친구들은 단계적으로 순서를 밟아 쓸 수 있도록 해 주세요.

🌸 온라인 제공 [독서 노트]

길벗스쿨 홈페이지(www.gilbutschool.co.kr) 자료실에서 독서 노트를 내려받아 활용할 수 있습니다. 책을 읽고 느낀 점이나 인상 깊었던 점을 간략하게 쓰거나 그리고, 재미있었는지도 스스로 평가해 봅니다. 이 책에 제시된 글뿐만 아니라 추가로 읽은 책에 대한 독서 기록을 남길 수도 있습니다.

▶ 길벗스쿨 홈페이지
독서 노트 내려받기

매일 조금씩 책 읽는 습관이
아이의 사고력을 키웁니다.

🌸 3단계 독서 프로그램

① 읽기 전

1주 1일차

생각 열기

읽게 될 글의 그림이나 제목과 관련지어서 내용을 미리 짐작해 본다거나 배경지식을 떠올리면서 읽는 목적을 분명히 하는 활동입니다.

② 읽는 중

1주 2일차

생각 쌓기

학습자의 읽기 역량에 따라 긴 글을 장면별로 끊어 읽기도 하고, 전후로 크게 나누어 읽어 봅니다. 부모님과 함께 소리 내어 읽어 보는 것은 어떨까요?

③ 읽은 후

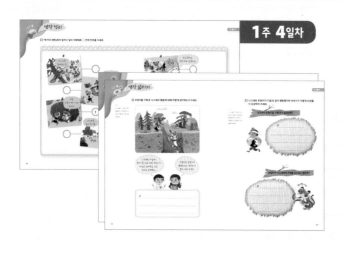

1주 4일차

생각 정리

글의 내용을 한눈에 정리해 보는 활동입니다. 장면을 이야기의 흐름대로 정리해 볼 수도 있고, 주요 내용을 채워서 이야기의 흐름을 완성할 수도 있습니다.

생각 넓히기

다양한 사고력을 필요로 하는 서술·논술형 문제들입니다. 글을 읽고 생각한 바를 다양한 방법으로 표현해 볼 수 있습니다.

어휘력 쑥쑥!

낱말 탐구

글에 나오는 주요 어휘를
미리 공부하면서 읽기를 조금 더 수월하게
이끌어 갑니다. 뜻을 모를 때에는
가이드북을 참고하세요.

1주 3일차

독해력 척척!

내용 확인 (독해)

가장 핵심적인 독해 문제만 실었습니다.
글을 꼼꼼하게 읽었는지 확인할 수 있습니다.

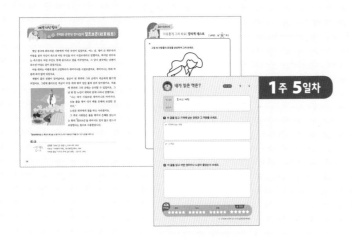

1주 5일차

표현력 뿜뿜!

배경지식 탐구 / 쉬어가기

읽은 글의 내용과 관련된 배경지식을
담았습니다. 주제와 연관된 추천 도서도
살펴볼 수 있습니다. 잠깐 쉬면서
머리를 식히는 코너도 마련했습니다.

독서 노트

읽은 책에 대한 감상평을 남겨 보세요.
별점을 매기며 종합적으로 평가해
보는 것도 좋습니다.

차례

* 한 주에 한 편씩 계획을 세워 독서 다이어리를 완성해 보세요.

자유롭게
적어 봐~

주차별	읽기 전	읽는 중	읽은 후	
글의 제목	생각 열기 낱말 탐구	생각 쌓기 내용 확인	생각 정리 생각 넓히기	독서 노트
예 ○주 글의 제목을 쓰세요.	3/3 ☹ 낱말이 어렵다 ㅠ-ㅠ	3/5	3/6 문제 다 맞음! ★ ★ ★	3/7 /	/
	/	/	/	/	/
	/	/	/	/	/
	/	/	/	/	/
	/	/	/	/	/

특강

갈 래 별 글 쓰 기

갈래 1	무엇을 쓸까요?	어떻게 쓸까요?	이렇게 써 봐요!
	/		/

갈래 2	무엇을 쓸까요?	어떻게 쓸까요?	이렇게 써 봐요!
	/		/

1주

전래 동화 인문, 사회

토끼의 재판

🎖 독서논술계획표

➤ 공부한 날짜를 쓰고, 끝마친 단계에는 V표를 하세요.

읽기 전		읽는 중				읽은 후	
월	일	월	일	월	일	월	일
생각 열기	☐	생각 쌓기 1	☐	생각 쌓기 2	☐	생각 정리	☐
낱말 탐구	☐	내용 확인	☐	내용 확인	☐	생각 넓히기	☐

독서 노트   월   일

1 다음 그림에 해당하는 낱말을 찾아 선으로 이으세요.

•

• 억지

꼭 놀이동산에 갔으면 좋겠어.

•

• 재판

땅을 파서 밭을 만들자.

•

• 일구다

안 사 주면 집에 안 가!

•

• 간절하다

2 다음 그림에 해당하는 낱말을 보기 에서 찾아 쓰세요.

보기   쾅쾅   솔솔   훌쩍   살금살금

토끼의 재판

옛날에 한 나그네가 산길을 걸어가고 있었어요.

바람도 솔솔 불어 걷기에 딱 좋은 날씨였지요.

그런데 어디선가 이상한 소리가 들렸어요.

"어흥, 어흥, 살려 주세요!"

"이게 무슨 소리지? 누가 살려 달라고 하는 것 같은데?"

나그네는 궁금해서 소리가 나는 쪽으로 살금살금 다가갔어요.

호랑이를 본 나그네는 깜짝 놀라 그냥 지나가려고 했어요.

그때 호랑이가 슬픈 목소리로 나그네에게 사정을 했어요.

"나그네님, 제발 저를 이 구덩이에서 꺼내 주세요. 어흥!"

"내가 너를 도와줬다가 구덩이에서 나와 나를 해칠 수도 있지 않겠느냐?"

호랑이는 넙죽 엎드리며 간절하게 말했어요.

"아니에요. 살려만 주신다면 그 은혜는 절대 잊지 않겠습니다. 어흥!"

나그네는 잠시 고민하다가 호랑이를 구해 주기로 했어요.

 1 호랑이가 나그네에게 한 부탁은 무엇인지 쓰세요.

자신을 [ ][ ][ ] 에서 꺼내 달라는 것

2권 **19**

나그네는 쓰러진 나무 하나를 찾아와 구덩이로 밀어 넣었지요.

"호랑이야, 이 나무를 밟고 올라오너라."

호랑이는 나그네가 내려 준 나무를 밟고 땅 위로 올라왔어요.

그러나 호랑이는 약속과 달리 구덩이에서 나오자마자 나그네에게 으르렁거렸어요.

"며칠 동안 구덩이에 있었더니 배가 고프구나. 널 잡아먹어야겠다!"

"너는 목숨을 살려 준 은혜도 모르느냐? 참으로 뻔뻔하구나."

"은혜를 모른다고? 저 구덩이도 사람이 파지 않았느냐? 날 위험에 빠뜨린 게 사람인데 내가 왜 사람인 너에게 은혜를 갚느냐? 어흥!"

나그네는 기가 막혔어요.

"그런 억지가 어디 있느냐? 그 구덩이는 내가 판 것이 아니지 않느냐? 저기 저 소나무에게 이게 옳은 일인지 물어보자."

"그래! 좋다. 어흥!"

나그네와 호랑이는 소나무에게 다가가 물었어요.

2 호랑이가 구덩이에서 나오자마자 한 일로 알맞은 것에 ○표 하세요.

(1) 나그네에게 은혜를 갚았다. ( )

(2) 나그네를 잡아먹으려고 했다. ( )

"소나무야, 소나무야, 내가 구덩이에 빠진 호랑이를 구해 주었는데 호랑이가 나를 잡아먹으려고 하는구나. 이 일을 어떻게 생각하니?"

소나무는 자신 있게 말했어요.

"당연히 호랑이가 잡아먹어도 되지. 우리는 사람들에게 맑은 공기와 시원한 그늘을 만들어 주는데, 사람들은 그 은혜도 모르고 우리들을 베어 버리잖아. 호랑이야, 얼른 나그네를 잡아먹으렴."

나그네는 너무 억울했어요. 그래서 길을 가던 소에게 한 번만 더 물어보자고 했어요.

"소야, 소야, 내가 구덩이에 빠진 호랑이를 구해 주었는데 호랑이가
나를 잡아먹으려고 하는구나. 이 일을 어떻게 생각하니?"

소도 당연하다는 듯이 말했어요.

"당연히 호랑이가 잡아먹어도 되지. 나는 사람들을 위해 열심히 논밭
을 일구었는데 사람들은 은혜도 모르고 나를 고깃간에 팔려고 하잖
아? 그러니 호랑이야, 나그네를 잡아먹으렴. 음매!"

나그네는 소의 말을 듣고 두 눈이 번쩍 뜨였어요.

"호랑이야, 호랑이야, 딱 한 번만, 딱 한 번만 더 물어보자."

"좋다! 대신 이번이 마지막이야."

3 소나무와 소의 생각으로 알맞은 것에 ○표 하세요.

(1) 호랑이가 나그네를 잡아먹어도 된다.   (   )

(2) 호랑이가 나그네를 잡아먹으면 안 된다.   (   )

그때 토끼 한 마리가 깡충깡충 뛰어오고 있었어요.

나그네는 토끼를 불러 그동안의 일을 설명하며 물었어요.

"토끼야, 토끼야, 내가 구덩이에 빠진 호랑이를 구해 주었는데 호랑이
가 나를 잡아먹으려고 하는구나. 이 일을 어떻게 생각하니?"

호랑이는 재빨리 자신의 생각을 말했어요.

"내가 구덩이에 빠진 건 다 사람 때문이야. 그러니까 사람은 잡아먹어
도 돼."

토끼가 나그네와 호랑이의 말을 듣고 물었어요.

"그러니까 호랑이님이 구덩이에 빠진 나그네님을 구해 주었다고요?"

"아니, 구덩이에 빠진 호랑이를 내가 구해 주었어."

나그네는 토끼에게 처음부터 다시 설명해 주었어요.

"그러니까 나그네님이 호랑이님을 잡아먹으려 한다는 거잖아요."

"아이고, 답답해라! 그게 아니라니까!"

토끼가 자꾸 엉뚱한 소리를 하자, 호랑이가 가슴을 쾅쾅 쳤어요.

 4 호랑이가 사람을 잡아먹어도 된다고 말한 까닭을 쓰세요.

자신이 구덩이에 빠진 것은 [ ][ ] 때문이라서

"잘 모르겠어요. 어찌 된 일인지 직접 봐야 알 수 있을 것 같아요."

"그래? 그렇다면 어떻게 된 일인지 직접 보여 주지."

호랑이와 나그네, 토끼는 구덩이 쪽으로 갔어요.

"토끼야, 잘 보렴."

호랑이는 말을 하자마자 구덩이 속으로 훌쩍 뛰어내렸어요.

"내가 이렇게 구덩이에 빠져 있었어. 그러고는 살려 달라고 소리쳤지!

그런데 지나가던 나그네가 와서 날 구해 준 거야!"

"그럼 이 나무는 원래 어디에 있었나요?"

"그건 구덩이 밖에 있었지."

토끼는 나그네에게 나무를 빼라고 시킨 후, 고개를 끄덕이며 말했어요.

"아, 이제야 알겠네요. 호랑이님이 구덩이에 빠져 있었고, 나그네님이

이 나무로 호랑이님을 구덩이에서 꺼내 주었단 말이네요."

"그렇지! 이제 알았으니 다시 그 나무를 밀어 넣어 줘."

그러자 토끼가 웃으며 말했어요.

"하하하, 재판은 이제 끝났어요."

 5 토끼가 나그네와 호랑이의 말을 계속 못 알아들은 척한 까닭을 쓰세요.

호랑이를 다시 ⬚⬚⬚ 속으로 들어가게 하려고

"뭐라고? 나를 구해 주고 가야지!"

호랑이가 소리쳤지만 토끼도 나그네도 호랑이 말을 못 들은 척했어요.

"은혜도 모르는 못된 호랑이야, 나한테 속았지? 나그네님은 어서 가던 길을 가세요."

토끼가 나그네를 향해 손짓을 했어요.

"토끼야, 정말 고맙구나. 네 덕분에 목숨을 구했어."

나그네는 토끼를 향해 넙죽 절을 했어요.

"나그네님, 잘못했어요! 제발 저를 구해 주세요. 이번에는 절대로 잡아먹지 않을게요!"

호랑이가 울며불며 사정했지만 나그네는 뒤도 안 돌아보고 그 자리를 떠났어요. 토끼도 깡충깡충 숲속으로 사라졌지요.

그 뒤로 호랑이는 밤이나 낮이나 구덩이에서 살려 달라고 소리치며 누군가 도와주기만을 기다렸답니다.

 6 토끼는 호랑이를 어떻게 생각했는지 알맞은 것에 ○표 하세요.

| 은혜를 모른다. | 정이 많고 착하다. |

생각 정리

1 『토끼의 재판』에서 일어난 일의 차례대로 ◯ 안에 번호를 쓰세요.

생각 넓히기

1 호랑이를 구해 준 나그네의 행동에 대해 어떻게 생각하는지 쓰세요.

○○○
나그네가 호랑이를 도와준 것에 대한 자신의 생각을 정리해 보세요.

나그네는 처음에 호랑이를 구해 주면 호랑이가 자신을 잡아먹을 수도 있다고 생각했어.

그렇지만 호랑이가 불쌍하다고 생각하여 결국 구해 주었지.

2 나그네와 호랑이가 다음과 같이 행동했다면 이야기가 어떻게 되었을
지 상상하여 쓰세요.

나그네와 호랑이가
글의 내용과 다르게
행동했다면 이야기가
어떻게 되었을지 상
상해 보세요.

나그네가 호랑이를 구해 주지 않았다면?

호랑이가 나그네에게 은혜를 갚으려고 했다면?

3 소나무와 소, 토끼 중에서 누구의 생각이 옳다고 생각하는지 까닭과 함께 쓰세요.

● ● ●

호랑이가 나그네를 잡아먹으려고 하는 일에 대해 어떻게 생각하는지 정리해 보세요.

호랑이가 나그네를 잡아먹어도 된다.

호랑이가 나그네를 잡아먹으면 안 된다.

누구의 생각이 옳을까?

✎

──

──

그 까닭은 무엇일까?

✎

──

──

──

4 내가 토끼라면 나그네를 어떻게 도와주었을지 쓰세요.

● ● ●

토끼의 입장이 되어 나그네를 도와줄 수 있는 방법을 상상해 써 보세요.

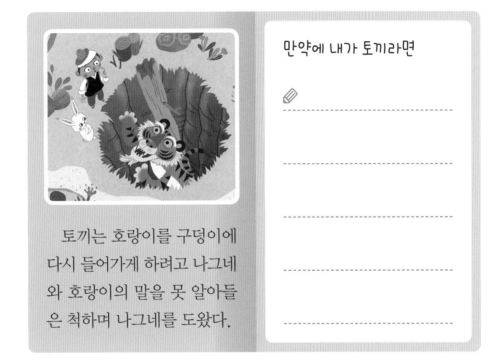

토끼는 호랑이를 구덩이에 다시 들어가게 하려고 나그네와 호랑이의 말을 못 알아들은 척하며 나그네를 도왔다.

만약에 내가 토끼라면

✎ ----------------------------------

----

5 구덩이에 다시 들어간 호랑이는 어떤 생각을 하며 지냈을지 상상하여 쓰세요.

● ● ●

구덩이에 다시 들어간 호랑이는 어떤 마음이 들었을지, 어떤 다짐을 했을지 상상해 보세요.

은혜와 관련된 한자성어 결초보은(結草報恩)

옛날 중국에 위무자란 사람에게 어린 부인이 있었어요. 어느 날, 병이 든 위무자가 아들을 불러 자신이 죽으면 어린 부인을 다시 시집보내라고 말했어요. 하지만 위무자는 죽으면서 어린 부인도 함께 묻으라고 말을 바꾸었어요. 그 당시 중국에는 남편이 죽으면 아내도 같이 묻었거든요.

아들 위과는 어떻게 할지 고민하다가 새어머니를 시집보냈어요. 새어머니는 위과 덕분에 죽지 않게 되었지요.

세월이 흘러 전쟁이 일어났어요. 장군이 된 위과와 그의 군대가 적군에게 쫓기게 되었어요. 그런데 쫓아오던 적군이 무덤 위에 엮여 있던 풀에 걸려 넘어졌어요. 덕분

에 위과와 그의 군대는 승리할 수 있었어요. 그 날 밤 한 노인이 위과의 꿈에 나타나 말했어요.

"나는 네가 시집보낸 새어머니의 아버지다. 오늘 풀을 엮어 네가 베푼 은혜에 보답한 것이다."

노인은 위과에게 절을 하고 사라졌어요.

그 후로 사람들은 풀을 엮어서 은혜를 갚는다는 뜻의 '결초보은'을 죽어서도 잊지 않고 반드시 보답한다는 뜻으로 사용한답니다.

✦**결초보은(結** 맺을 결 **草** 풀 초 **報** 갚을 보 **恩** 은혜 은)**:** 죽은 뒤에라도 은혜를 잊지 않고 갚음을 이르는 말.

이런 책도
있어요

김영훈, 『은혜 갚은 호랑이』, 아이나루, 2009
차보금, 『지혜로운 아들』, 한국헤르만헤세, 2016
푸른숲 글방, 『사자와 은혜 갚은 생쥐』, 그린키즈, 2015

쉬어가기

자유롭게 그려 봐요! 창의력 테스트

[난이도 : 상 ⭐ 중 ⭐ 하]

★ 그림 속 사람들의 표정을 상상하여 그려 보세요.

● 정답은 가이드북 13쪽을 확인하세요.

2주

설명문 과학, 기술

신통방통 소식통

임숙영

🏅 독서논술계획표

❯ 공부한 날짜를 쓰고, 끝마친 단계에는 V표를 하세요.

읽기 **전**			읽는 **중**					읽은 **후**	
월	일		월	일		월	일		월	일

읽기 전		읽는 중				읽은 후	
생각 열기	☐	생각 쌓기 1	☐	생각 쌓기 2	☐	생각 정리	☐
낱말 탐구	☐	내용 확인	☐	내용 확인	☐	생각 넓히기	☐

독서 노트   월   일

글의 제목과 그림을 살펴보고,
어떤 내용이 펼쳐질지 말해 보세요.

낱말 탐구

1 다음 그림에 해당하는 낱말을 찾아 선으로 이으세요.

연락

감촉

돋다

맞닿다

2 다음 그림에 해당하는 낱말을 보기 에서 찾아 쓰세요.

보기   더듬더듬   부르르   쫑긋쫑긋   오돌토돌

❶ 우리 몸의 감각 기관에는 무엇이 있고, 그 감각 기관이 하는 일은 무엇인지 정리하며 읽어 보세요.

신통방통 소식통

임숙영

거울에 몸을 비춰 봐요.

무엇이 보이나요?

머리, 몸통, 팔다리와 손발이 보이죠?

이렇게 우리 눈에 보이는 몸은 세상과 맞닿아 있어요.

이곳에는 세상 소식을 알려 주는 소식통이 있지요.

머리에 있는 눈, 코, 귀, 혀 그리고 온몸을 덮은 피부가 바로 그 소식통이에요.

신통방통 소식통!

우리 몸의 소식통은 집집마다 있는 전화기처럼 찌릭, 찌리릭! 뇌로 소식을 전달해요.

이렇게 전달된 소식이 무엇인지 아는 걸 감각이라고 하지요.

그럼 어떻게 소식이 전달되는지 알아볼까요?

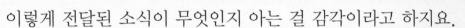

 1 다섯 가지 신통방통 소식통은 무엇인지 빈칸에 알맞은 말을 쓰세요.

눈, 코, 귀, 혀,

찌릭, 찌리릭! 누구한테 연락이 왔을까요?

깜빡깜빡 반짝반짝 신통방통 빛 소식통, 눈이네!

여기여기 손에 든 네모난 블록, 슝 하고 날아오는 축구공이 보여요.

빨간색 모래 놀이 장난감,

노란색 모래 트럭과 저기저기 꼬리를 흔들며 달려오는 강아지,

그네를 타는 친구와 자전거를 타고 오는 친구도 보여요.

이렇게 눈이 세상 모습을 보는 걸 시각이라고 해요.

그럼, 눈은 세상 모습을 어떻게 알 수 있을까요?

눈을 꼭 감으면 아무것도 보이지 않아요.

눈을 떠도 빛이 없으면 아무것도 보이지 않아요.

우리는 이렇게 눈과 빛이 있어야 볼 수 있지요.

빛이 물체에 부딪쳐 눈으로 들어오면 물체를 볼 수 있답니다.

두 눈은 눈알을 부지런히 움직이면서 빛을 모아서 사진을 찍어 뇌로
소식을 보내요.

하루에도 수백 수천 장이 넘는 사진을 찍어서 보내지요.

뇌는 눈이 보내는 사진을 하나하나 보고 무엇을 보았는지 알려 줘요.

 2 다음 중 어떤 경우에 잘 볼 수 있는지 알맞은 것에 ○표 하세요.

빛이 있고 눈을 감은 경우   빛이 있고 눈을 뜬 경우

찌릭, 찌리릭! 누구한테 연락이 왔을까요?

쫑긋쫑긋 가만가만 신통방통 소리 소식통, 귀네!

뛰뛰빵빵 자동차 소리, 들들들 땅을 파는 소리가 들려요.

야옹야옹 고양이 소리, 징징징 징 소리도 들리고요.

친구가 놀자고 부르는 소리도 들려요.

이렇게 귀로 세상 소리를 듣는 걸 청각이라고 하지요.

그럼, 귀는 세상 소리를 어떻게 알 수 있을까요?

부르르 물체가 떨리면 주위에 있던 공기도 부르르 떨려요.

공기가 떨리면서 소리가 퍼져 나가지요. 연못에 돌을 던지면 물결이 동그랗게 퍼져 나가는 것처럼 소리도 퍼져 나간답니다.

두 귀는 나팔처럼 생긴 귓바퀴로 소리를 모아서 뇌로 소식을 보내요.

전화통에 불이 날 정도로 전화를 걸지요. 뇌는 귀가 보내는 전화 내용을 하나하나 확인해서 무슨 소리인지 알려 줘요.

 ❸ 귀는 무엇으로 소리를 모아서 뇌로 보내는지 쓰세요.

찌릭, 찌리릭! 누구한테 연락이 왔을까요?

킁킁킁 흠흠흠 신통방통 냄새 소식통, 코네!

향기로운 꽃 냄새, 구수한 된장찌개 냄새, 아빠 발에서 나는 고린내.

이렇게 코로 세상 냄새를 맡는 걸 후각이라고 하지요.

그럼, 코는 세상 냄새를 어떻게 알 수 있을까요?

공기 중에는 냄새 알갱이가 둥둥 떠다니고 있어요. 냄새 알갱이는 눈에 보이지 않지만 우리가 숨을 들이쉴 때 공기에 실려 코로 들어온답니다.

코는 안쪽에 있는 끈적끈적한 부분으로 냄새 알갱이를 붙잡아서 뇌로 소식을 보내요. 숨을 ⁺들이쉴 때마다 냄새 편지를 보내지요.

뇌는 코가 보내는 냄새 편지를 확인해서 무슨 냄새인지 알려 줘요.

⁺들이쉴: 숨을 몸 안으로 들여보낼.

고린내, 찌개 냄새, 꽃향기야.

찌릭, 찌리릭! 이번에는 누구한테 연락이 왔을까요?

날름날름 냠냠 쩝쩝 신통방통 맛 소식통, 혀네!

아이스크림은 달콤한 맛, 레몬은 신맛이 나요.

감자칩은 짭짤하고, 약은 쓰디쓰지요.

이렇게 혀로 세상 맛을 느끼는 걸 미각이라고 하지요.

그럼, 혀는 세상 맛을 어떻게 알 수 있을까요?

 4 코로 냄새 맡는 것을 무엇이라고 하는지 쓰세요.

음식에는 맛을 내는 알갱이가 들어 있어요.

입으로 음식을 먹으면 맛 알갱이가 침에 녹아요.

맛 알갱이가 침에 녹아야 혀로 맛을 볼 수 있지요.

혀는 오돌토돌 돋은 작은 돌기로 맛 알갱이를 붙잡아 뇌로 소식을 보내요.

음식을 먹고 마실 때마다 맛 선물을 보내지요.

뇌는 혀가 보내는 맛 선물을 하나하나 열어 보고 무슨 맛인지 알려 줘요.

✦**돌기**: 뾰족하게 내밀거나 도드라짐. 또는 그런 부분.

찌릭, 찌리릭! 또 누구한테 연락이 왔을까요?

살살 더듬더듬 신통방통 감촉 소식통, 피부네!

선인장 가시에 찔리면 따갑고 손이 문에 끼이면 눌려서 아파요.

끓고 있는 물 주전자를 만지면 뜨겁고 눈을 만지면 차가워요.

강아지를 만지면 보들보들, 아빠 턱을 만지면 까끌까끌해요.

이렇게 피부로 세상 감촉을 느끼는 걸 촉각이라고 하지요.

그럼, 피부는 세상 감촉을 어떻게 알 수 있을까요?

5 다음 중 피부를 가리키는 말로 알맞은 것에 ○표 하세요.

신통방통 맛 소식통   신통방통 감촉 소식통

우리 몸은 머리끝에서 발끝까지 피부로 덮여 있어요.

피부 속에는 감촉을 느끼는 촉각 세포가 있어요.

촉각 세포는 손가락 끝, 발가락 끝, 입술에 특히 많아요. 그래서 손가락 끝으로 살살 만지면 더 잘 느낄 수 있지요.

촉각 세포는 제각각 느낀 걸 뇌로 보내요. 온몸 구석구석에서 느낌 엽서를 보내지요.

뇌는 피부가 보내는 느낌 엽서를 하나하나 확인해서 무엇이 닿았는지, 어떤 느낌인지 알려 줘요.

눈, 귀, 코, 혀, 피부.

다섯 소식통은 쉬지 않고 주위에서 무슨 일이 일어나는지 뇌에게 전달해요.

그러면 뇌는 소식통이 준 정보를 판단해서 몸에 알맞은 명령을 내려요.

그래서 우리는 위험을 피하고 안전하게 지낼 수 있는 거랍니다.

 6 눈, 귀, 코, 혀, 피부는 주위에서 일어나는 일을 어디로 전달하는지 쓰세요.

생각 정리

1 우리 몸의 감각 기관에 대해 생각하며 빈칸에 알맞은 말을 쓰세요.

> 우리 몸의
> 감각 기관

종류 ☐

하는 일 물체의 모습을 볼 수 있게 해 주는데, 이것을 시각이라고 해요.

감각을 느끼는 방법 두 눈이 ☐ 을 모아서 물체의 모습을 사진으로 찍어 뇌로 보내면 뇌가 무엇을 보았는지 알려 줘요.

종류 ☐

하는 일 소리를 들을 수 있게 해 주는데, 이것을 청각이라고 해요.

감각을 느끼는 방법 ☐☐☐가 소리를 모아서 뇌로 보내면 뇌가 무슨 소리인지 알려 줘요.

종류 ☐

하는 일 냄새를 맡을 수 있게 해 주는데, 이것을 후각이라고 해요.

감각을 느끼는 방법 코의 안쪽에 있는 끈적끈적한 부분으로 냄새 알갱이를 붙잡아 뇌로 보내면 뇌가 무슨 냄새인지 알려 줘요.

종류 ☐

하는 일 맛을 느끼게 해 주는데, 이것을 미각이라고 해요.

감각을 느끼는 방법 음식에 있는 맛을 내는 알갱이를 혀에 있는 작은 ☐☐ 로 붙잡아 뇌로 보내면 뇌가 무슨 맛인지 알려 줘요.

종류 ☐☐

하는 일 감촉을 느끼게 해 주는데, 이것을 촉각이라고 해요.

감각을 느끼는 방법 촉각 세포가 느낀 걸 뇌로 보내면 뇌가 어떤 느낌인지 알려 줘요.

생각 넓히기

1 오늘 나의 감각 기관을 통해 느낀 것을 쓰세요.

오늘 내가 본 것, 들은 것, 냄새 맡은 것, 맛본 것, 감촉을 느낀 것은 무엇인지 떠올려 보세요.

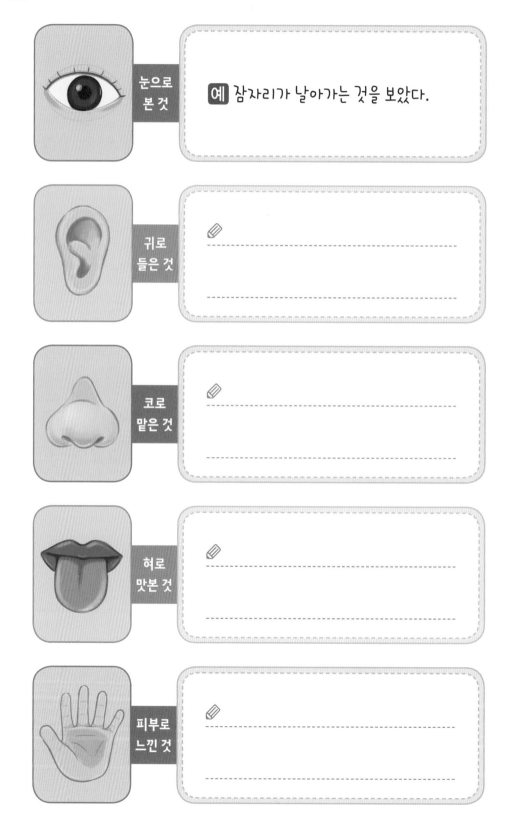

눈으로 본 것

예 잠자리가 날아가는 것을 보았다.

귀로 들은 것

코로 맡은 것

혀로 맛본 것

피부로 느낀 것

2 뇌는 감각 기관이 준 정보를 판단해서 우리가 위험에 처하지 않게 알맞은 명령을 내려요. 다음 상황에서 뇌가 어떤 명령을 내릴지 쓰세요.

상한 음식의 냄새를 맡은 상황, 공이 날아오는 상황에서 뇌가 어떤 명령을 내릴지 상상해 보세요.

예 주전자가 뜨거우니까 주전자에서 손을 떼.

으~ 이 냄새는……

3 우리 몸에 다음 감각이 없다면 어떻게 될지 상상하여 쓰세요.

혀로 맛을 못 느끼고, 귀로 소리를 듣지 못하고, 피부로 감촉을 느끼지 못한다면 어떤 일이 일어날지 상상해 보세요.

시각이 없다면?

예
• 재미있는 만화 영화도 보지 못할 것이다.
• 앞을 보지 못해 여기저기 부딪쳐서 다칠 것이다.

미각이 없다면?

청각이 없다면?

촉각이 없다면?

4 감각 기관과 관련하여 내 몸의 건강을 지키기 위한 다짐을 써 보세요.

∙∙∙

감각 기관 중 눈, 코, 귀를 건강하게 지키기 위해 할 수 있는 일을 떠올려 보세요.

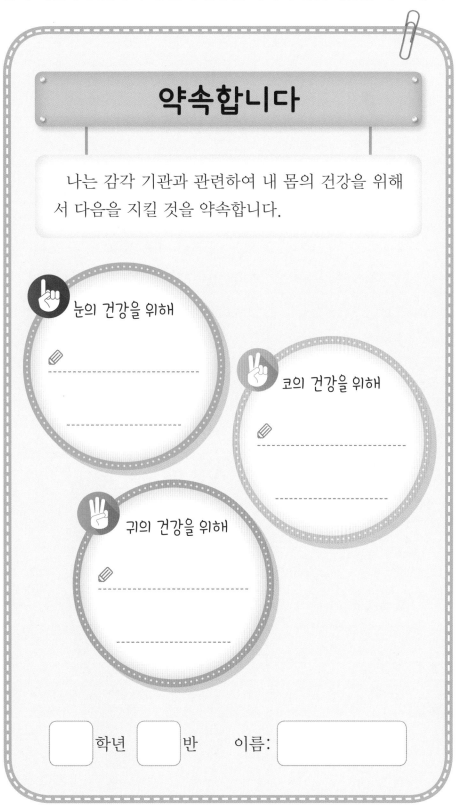

약속합니다

나는 감각 기관과 관련하여 내 몸의 건강을 위해서 다음을 지킬 것을 약속합니다.

☝ 눈의 건강을 위해

✌ 코의 건강을 위해

🖐 귀의 건강을 위해

⬜ 학년 ⬜ 반 이름: ⬜

감각 기관을 도와주는 물건

▲ 현미경

눈을 도와주는 물건에는 무엇이 있을까요?

　먼저, 물체를 뚜렷하게 보지 못할 때 쓰는 안경이 있어요. 안경에 있는 렌즈는 우리 눈에 물체의 모습이 잘 찍히도록 해 줘요. 현미경도 눈을 도와주는 물건이에요. 현미경은 사람의 눈으로 볼 수 없는 작은 물체나 생물을 크게 확대하여 관찰하는 기구예요. 멀리 있는 것을 가까이 있는 것처럼 보고 싶을 때 쓰는 망원경도 우리 눈을 도와주는 물건이랍니다.

▲ 망원경

▲ 청진기

귀를 도와주는 물건에는 무엇이 있을까요?

　청진기와 보청기가 있답니다. 청진기는 의사 선생님이 환자의 몸 안에서 나는 소리를 들을 때 사용하는 기구예요. 청진기는 몸 안에서 나는 작은 소리를 잘 들을 수 있게 해 줘요. 보청기도 귀를 도와주는 물건이에요. 보청기는 귀에 끼우는 기구로, 귀가 잘 안 들리는 사람이 잘 들을 수 있도록 도와줘요.

이런 책도
있어요

양승현, 『온몸을 써라! 오, 감각』, 아이앤북, 2016
샘 고드윈, 『오감으로 느껴 봐요』, 한국헤밍웨이, 2014
앙겔라 바인홀트, 『왜왜왜? 놀라운 오감의 비밀』, 크레용하우스, 2017

두 눈을 크게 떠요! 집중력 테스트

[난이도 : 상 중 하]

★ 친구의 생일잔치에 갔는데 맛있는 게 정말 많아요!
   같은 모양이 각각 몇 개씩 있는지 세어 보세요.

●정답은 가이드북 13쪽을 확인하세요.

지식 동화 과학, 수학

숲속 거인의 흥미진진 퀴즈

이춘영

✪ 독서논술계획표

❯ 공부한 날짜를 쓰고, 끝마친 단계에는 V표를 하세요.

읽기 전			읽는 중				읽은 후	
월	일		월	일	월	일	월	일
생각 열기	☐		생각 쌓기 1	☐	생각 쌓기 2	☐	생각 정리	☐
낱말 탐구	☐		내용 확인	☐	내용 확인	☐	생각 넓히기	☐

독서 노트   월   일

글의 제목과 그림을 살펴보고,
어떤 내용이 펼쳐질지 말해 보세요.

낱말 탐구

1 다음 그림에 해당하는 낱말을 찾아 ○표 하세요.

| 망설이다 | 도전하다 |

| 타이르다 | 다다르다 |

| 부스스하다 | 으스스하다 |

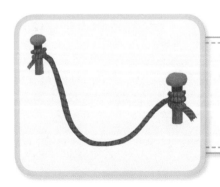

| 늘어지다 | 끊어지다 |

2 다음 그림에 해당하는 낱말을 보기에서 찾아 쓰세요.

보기	발길	곰곰이	곤하다	엉키다

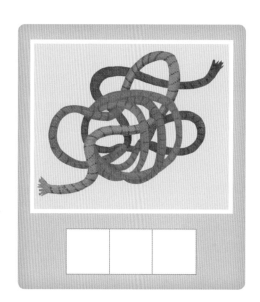

생각 쌓기

숲속 거인의 흥미진진 퀴즈

이춘영

산 아래 작은 마을에 랑랑이라는 여자아이가 살았어요. 랑랑이는 아주 용감하고 영리한 아이였지요.

어느 날 숲에 놀러 간 랑랑이의 오빠가 며칠째 집에 돌아오지 않았어요. 사람들은 숲속에 사는 거인이 잡아간 거라고 했어요. 하지만 거인을 본 사람은 한 명도 없었어요.

랑랑이는 마을에서 가장 지혜로운 하얀 수염 할아버지를 찾아갔어요.

"할아버지, 오빠를 찾으러 가겠어요. 거인이 어디에 살고 있는지 알려 주세요."

망설이던 하얀 수염 할아버지는 랑랑이에게 지도를 한 장 주었어요. 지도에는 숲속 길이 복잡하게 그려져 있었지요.

"오래된 전설에 따르면 밝은 눈을 가진 사람만이 거인을 만날 수 있다고 했다. 함정이 많으니 조심해서 다녀오거라."

랑랑이는 하얀 수염 할아버지에게 고맙다는 인사를 하고 길을 떠났어요.

1 랑랑이가 거인을 찾아가려는 까닭은 무엇인지 쓰세요.

를 찾기 위해서

한참을 걷다 보니 깊은 숲속에 다다랐어요. 그런데 갑자기 여러 갈래 길이 나왔어요.

랑랑이는 발길을 멈추고 지도를 펴 보았어요. 꼬불꼬불 엉킨 길 끝에 다리가 하나 보였어요.

'다리까지만 가면 될 텐데. 길이 너무 복잡해.'

랑랑이는 지도를 보며 곰곰이 생각했어요.

"그래, 다리에서부터 거꾸로 길을 찾는 거야!"

랑랑이는 길을 찾아 무사히 다리를 건넜어요.

* 길을 찾아 선으로 그어 보아요.

사각형 모양 지붕에
삼각형 모양 깃발이 있고,
원 모양 창문이
3개 있는 배를 타라!

그런데 얼마 안 가 강기슭이 나왔어요.

그리고 표지판 하나가 눈에 띄었지요.

'사각형(■) 모양 지붕에 삼각형(▲) 모양 깃발이 있고, 원(●) 모양

창문이 3개 있는 배를 타라고? 나머지 배는 움직이지 않는단 말이지?

흥, 심술궂은 거인! 내가 못 찾을 줄 알고?'

랑랑이는 서두르지 않고 찬찬히 살펴보았어요.

"맞아! 저 배를 타면 돼!"

랑랑이는 배를 쉽게 찾아 강을 건넜어요.

✳ 타야 할 배를 찾아 ○표 해 보아요.

2 이 글의 내용으로 알맞은 것에 ○표 하세요.

(1) 랑랑이는 지도를 보고 길을 찾아 다리를 건넜다.　　（　　）

(2) 강기슭에 도착한 랑랑이는 움직이는 배를 못 찾았다.　（　　）

드디어 저 멀리 언덕 위로 거인의 집이 보였어요.

하지만 이번에는 아주 복잡하고 어지러운 길이 랑랑이를 기다리고 있었어요.

"자, 정신 똑바로 차리고 가는 거야!"

그런데 이쪽에서는 뱀이 우글우글, 저쪽에서는 가시덤불이 뾰족뾰족.

랑랑이는 숨을 고르고 다시 지도를 보았어요.

어렵게 길을 찾은 랑랑이는 드디어 아주 커다란 거인의 집에 도착했어요.

✦**고르고**: 제 기능을 발휘하도록 다듬거나 손질하고.

쿵쿵! 랑랑이는 힘껏 문을 두드렸어요.

"계세요? 문 좀 열어 주세요."

하지만 아무 대답이 없었어요.

랑랑이는 슬쩍 문을 밀어 보았어요.

스르륵! 문이 쉽게 열리지 뭐예요.

'뭐야? 열려 있었잖아. 참 이상한 거인이네.'

집 안은 아주 조용했어요.

 3 랑랑이의 성격은 어떠한지 알맞은 것에 ○표 하세요.

게으르다.   어리석다.   용감하다.

어디에도 무시무시한 거인의 모습은 보이지 않고, 번호가 있는 여러 개의 문들만 보였어요.

랑랑이는 방문 하나를 열었어요.

랑랑이가 들어온 곳은 거울의 방이었어요.

방 안에는 또다시 여러 개의 커다란 거울 문이 있었어요.

거인을 만나려면 가짜 거울 문을 찾아야 했어요.

거울을 본 랑랑이는 눈이 뱅글뱅글 도는 것 같았어요.

랑랑이는 거울 앞에서 자기 모습을 비추어 보았어요.

파랑, 노랑 거울은 랑랑이가 오른손을 들면 거울 속의 랑랑이는 왼손을 들었어요. 랑랑이는 자신의 모습을 반대로 보여 준 파랑과 노랑 거울 모두 진짜라고 생각했어요.

하지만 분홍 거울은 가짜였어요. 랑랑이가 오른손을 들자 거울 속의 랑랑이도 오른손을 들었거든요.

랑랑이는 분홍 거울이 달린 문을 열었어요.

* **가짜 거울을 찾아 보아요.**

 4 랑랑이가 방문을 열고 들어온 곳은 어떤 방이었는지 쓰세요.

의 방

"거인아, 나와라! 용감한 랑랑이가 왔다!"

"흥, 용케도 여기까지 찾아왔구나!"

랑랑이는 무시무시한 얼굴에 으스스한 목소리를 가진 거인이 오빠를 붙잡아 두고 있을 거라고 생각했어요. 하지만 방 안에는 축 늘어진 얼굴에 못생긴 거인이 앉아 있었어요. 게다가 어찌된 일일까요?

랑랑이의 오빠가 거인의 침대에서 곤히 자고 있는 거예요.

"못된 거인! 용서하지 않겠다!"

✦**용케도**: 재주가 뛰어나고 특이하게도.

랑랑이는 용기를 내어 소리쳤어요. 랑랑이의 큰 소리에 오빠가 잠에서 깨어났어요.

"랑랑아, 내 친구한테 그러지 마!"

"뭐라고? 거인이 오빠 친구라고?"

"그래. 절벽에서 떨어진 나를 구해 준 착한 친구야. 아픈 나를 돌봐 줬어. 재미있는 퀴즈도 얼마나 많이 아는데."

 5 랑랑이의 오빠는 거인을 어떻게 생각하는지 알맞은 것에 ○표 하세요.

| 착한 친구 | 못된 거인 |

거인은 못생긴 얼굴을 누가 볼까 봐 그동안 숨어 살았대요.

친구는 인형들뿐이었고요.

사실은 아주 착하고 부끄러움이 많은 친구래요.

랑랑이는 좋은 생각이 떠올랐어요.

"거인 아저씨, 마을로 가서 우리와 같이 살아요."

"이렇게 못생긴 나를 누가 좋아하겠어?"

"걱정 말아요. 아저씨는 충분히 멋진걸요. 아저씨에게 필요한 건 용기라고요."

랑랑이의 말을 듣고 거인은 랑랑이와 랑랑이의 오빠를 따라 마을에 갔어요. 마을에서 살게 된 거인은 날마다 재미있는 퀴즈로 아이들을 즐겁게 해 주었어요.

용기 있는 랑랑이와 오빠 덕분에 거인은 이제 많은 친구들과 행복하게 살게 되었어요.

 6 랑랑이는 거인에게 무엇이 필요하다고 했는지 알맞은 것에 ○표 하세요.

| 옷 | 친구 | 용기 | 인형 |

생각 정리

1 『숲속 거인의 흥미진진 퀴즈』에서 일어난 일의 차례를 생각하며 빈칸에 알맞은 말을 쓰세요.

① 랑랑이가 하얀 수염 할아버지를 찾아가 오빠를 잡아간 ☐☐ 이 사는 곳을 알려 달라고 했다.

④ 랑랑이는 뱀이 우글우글하고, ☐☐☐☐ 이 뾰족뾰족한 길을 지나 거인의 집에 도착했다.

② 복잡한 길을 본 랑랑이는 ☐☐ 를 펼치고 다리에서부터 거꾸로 길을 찾아 다리를 건넜다.

③ 강기슭에서 랑랑이는 사각형 모양 지붕에 삼각형 모양 깃발이 있고, ☐ 모양 창문이 있는 배를 찾았다.

⑤

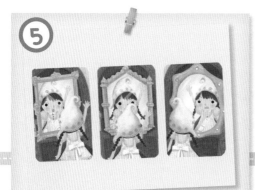

[ ][ ]의 방에 들어 온 랑랑이는 거울에 자신의 모습을 비추어 보면서 가짜 거울 문을 찾았다.

⑥

거인과 오빠를 찾은 랑랑 이는 오빠의 얘기를 듣고 거 인이 착한 [ ][ ]라는 것을 알게 되었다.

⑧

마을로 간 거인은 재미있 는 [ ][ ]로 아이들을 즐겁게 해 주며 사람들과 행 복하게 살았다.

⑦

못생긴 [ ][ ] 때문 에 숨어 지냈던 거인은 마을 로 가서 함께 살자는 랑랑이 의 말에 용기를 얻었다.

1 다음 그림에서 랑랑이가 타면 안 되는 배와 그 까닭을 생각해 보고, 빈 칸에 알맞은 말을 쓰세요.

랑랑이가 ❸번 배를 타면 안 되는 까닭을 생각해 보세요.

사각형 모양 지붕에 삼각형 모양 깃발이 있고, 원 모양 창문이 3개 있는 배를 타라!

랑랑이가 타면 안 되는 배는 ❷번이야. 왜냐하면, ❷번 배는 삼각형 모양 지붕에 사각형 모양의 깃발이 달려 있고, 원 모양 창문도 1개야.

또 랑랑이가 타면 안 되는 배는 ❸번이야.

왜냐하면 🖉 _____

_____ 때문이야.

2 여러 가지 도형을 이용하여 그림을 그려 보고, 무엇을 그린 것인지 설명해 보세요.

여러 가지 모양의 삼각형과 사각형, 원을 이용하여 그림을 그려 보고, 무엇을 그린 것인지 설명해 보세요.

 3개의 곧은 선들로 둘러싸인 도형은 삼각형이야.

 4개의 곧은 선들로 둘러싸인 도형은 사각형이야.

 어느 쪽에서 보아도 똑같이 동그란 모양의 도형은 원이야.

예 여우를 그렸어요.

3 우리 주변의 물건이 다음과 같은 모양이라면 어떤 일이 일어날지 생각하여 쓰세요.

• • •
상자 모양의 자전거
바퀴, 둥근기둥 모양
의 책상을 사용할 때
일어날 일을 상상해
보세요.

옷걸이가 공 모양이라면?

예 옷걸이를 벽에 잘 걸지도 못할 것이고, 옷도 옷걸이에 잘 걸리지 않을 것이다.

자전거 바퀴가 상자 모양이라면?

🖉

책상이 둥근기둥 모양이라면?

🖉

----

4 거인에게 용기를 주었던 랑랑이가 다음 친구들을 만난다면 어떤 말로 용기를 줄지 생각하여 쓰세요.

열심히 달렸지만 달리기에서 일등을 못한 친구와 목소리가 작아 발표할 자신이 없는 친구에게 용기를 주는 말을 생각해 보세요.

7개의 조각으로 사물을 만들며 노는 **칠교놀이**

칠교놀이라는 말을 들어 본 적 있나요? 칠교놀이는 나무판을 7조각(삼각형 큰 것 2 개, 중간 것 1개, 작은 것 2개, 사각형 2개)으로 나눈 뒤 그 조각으로 여러 가지 사물을 만들며 노는 놀이를 말해요.

'칠교'라는 이름은 나무판이 일곱 개의 조각으로 이루어졌다고 해서 붙여진 것으로, 판을 칠교판 또는 칠교도라고 해요.

칠교놀이는 혼자서도 할 수 있지만 여럿이 할 수도 있어요. 혼자서 할 때에는 주어진 모양을 순서에 맞게 만들어 내면 되고, 여럿이 할 때에는 일정한 시간에 상대방이 지정한 모양을 만들며 놀이를 해요.

칠교놀이는 중국에서 시작되어 세계로 퍼진 놀이야. 중국에서는 '지혜판'이라고 불리고, 서양에서는 '탱그램'으로 불려.

▲ 칠교판

▲ 칠교판으로 만든 로켓과 집

이런 책도 있어요

서지원, 『이상한 나라의 도형 공주』, 나무생각, 2014
아나 알론소, 『서커스단의 도둑 사건』, 알라딘북스, 2016
고자현, 『헨젤과 그레텔은 도형이 너무 어려워』, 동아사이언스, 2010

자유롭게 그려 봐요! 창의력 테스트

[난이도 : 상 중 하]

★ 오늘은 코끼리 마을에서 축제가 열리는 날이에요. 몸에 무늬를 그려 들판에서 뛰노는 날이죠! 아기 코끼리에게 멋진 무늬를 그려 주세요.

● 정답은 가이드북 13쪽을 확인하세요.

4주

지식 동화 사회, 문화

열두 띠 이야기

정하섭

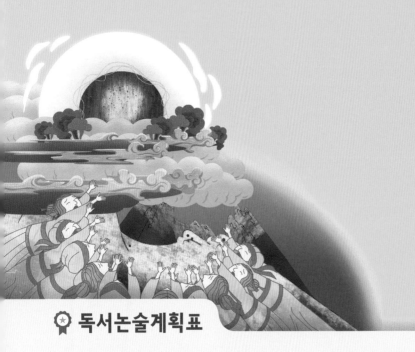

🏅 독서논술계획표

❯ 공부한 날짜를 쓰고, 끝마친 단계에는 V표를 하세요.

읽기 전			읽는 중				읽은 후	
월	일		월	일	월	일	월	일
생각 열기	☐		생각 쌓기 1	☐	생각 쌓기 2	☐	생각 정리	☐
낱말 탐구	☐		내용 확인	☐	내용 확인	☐	생각 넓히기	☐

독서 노트　　월　　일

글의 제목과 그림을 살펴보고,
어떤 내용이 펼쳐질지 말해 보세요.

1 다음 그림에 해당하는 낱말을 찾아 ○표 하세요.

빚다　　받다

되똥되똥　　말똥말똥

헐레벌떡　　티격태격

도망치다　　아우성치다

2 다음 그림에 해당하는 낱말을 보기 에서 찾아 쓰세요.

보기   끈기   내젓다   느긋하다   쩨쩨하다

힘들어도 끝까지 올라갈 거야.

한 개도 안 빌려줄 거야.

시간이 있으니 빨리 할 필요 없어.

읽는 중

생각 쌓기

💡 하느님이 열두 동물을 세상에 내려보낸 순서와 열두 동
물이 세상에 내려가서 한 일을 정리하며 읽어 보세요.

열두 띠 이야기

정하섭

옛날 옛날, 아주 까마득한 옛날에 하느님이 이 세상을 만들었단다.

하늘에는 해와 달을 걸어 놓고, 땅에는 온갖 풀과 나무, 동물들을 퍼
뜨리고, 바다에는 갖가지 물고기들을 풀어놓았어.

물론 우리 사람도 정성껏 빚어 숨결을 불어넣었지.

이렇게 세상을 만들고 나서, 하느님은 몹시 지쳐 잠이 들었어.

그런데 와글와글 시끄러운 소리가 들려오는 게 아니겠니?

✦숨결: 사물 현상의 어떤 기운이나 느낌을 생명체에 비유하여 이르는 말.

"하느님, 하느님! 우리는 어떻게 살아가야 하나요?"

사람들이 하늘을 우러러보며 아우성치고 있었어.

"아하! 이런!"

하느님은 사람들에게 살아가는 법을 가르쳐 주는 걸 깜박 잊었던 거야.

하지만 하느님은 너무나 지쳐 꼼짝도 할 수 없었어.

그래서 세상으로 내려갈 열두 명의 신들을 뽑기로 했지.

"누가 사람들에게 살아가는 법을 가르쳐 주겠느냐?"

가장 먼저 쥐신이 조르르 달려왔어. 쥐신은

세상의 모든 쥐들을 다스리는 신이야.

"사람들은 우리 쥐들처럼 부지런해야

해요. 그래야 배불리 먹고

살 수 있으니까요."

 1 하느님이 세상으로 내려갈 열두 명의 신들을 뽑기로 한 까닭을 쓰세요.

사람들에게 ☐☐☐☐ ☐ 을 가르쳐 주기 위해서

세상의 모든 소를 다스리는 소신도 뒤질세라* 성큼성큼 걸어왔어.

"아무리 부지런해도, 힘이 없다면 제대로 일을 할 수 없잖아요. 사람들은 황소처럼 굳센 힘을 길러야 해요."

하느님은 쥐신과 소신을 세상으로 내려보냈어.

"힘만 세면 뭐합니까?"

호랑이신이 으르렁대며 뛰어왔어.

"험한 세상을 살아가려면 저처럼 용감해야 한다고요. 우리 호랑이들은 두려움을 모른답니다."

호랑이신은 호랑이들을 다스리는 신답게 우렁차게 말했어.

✦**뒤질세라**: 남보다 뒤에 처질까 봐 걱정이 되어.

"용감하기만 하면 다예요?"

토끼들을 다스리는 토끼신이 뛰어왔어.

"옳고 그른 것을 가려낼 줄 알아야지요. 그러지 못하면 늘 싸움만 할
텐데요."

하느님은 호랑이신과 토끼신도 세상으로 내려보냈어.

이번에는 물을 다스리는 용신이 휘이익 날아왔어.

"사람들은 물이 없으면 살 수가 없어요. 그러니 제가 가서 물을 이용
하는 법을 가르쳐 주겠어요."

✦**가려낼:** 옳고 그름이나 잘함과 잘못함 등을 밝혀낼.

2 소신은 사람들이 세상을 살아가려면 무엇이 필요하다고 했는지 알맞은 것
에 ○표 하세요.

> 용기   지혜   굳센 힘

그러자 세상의 모든 뱀을 다스리는 뱀신도 뒤따라왔어.

"사람들은 끈기와 참을성을 길러야 해요. 모든 멋진 일은 끈기와 참을
성이 있어야 이룰 수 있으니까요."

하느님은 용신과 뱀신도 세상으로 내려보냈어.

"하지만 언제까지나 참기만 할 수는 없잖아요?"

씩씩한 말들의 신인 말신이 달려왔어.

"사람들은 이 세상이 얼마나 넓은지 알아야 해요. 그러면 쩨쩨하게 다
투지 않을 거예요."

"세상이 아무리 넓다 해도, 사람의 욕심을 다 채울 순 없어요."

순한 양들의 신인 양신도 가만가만 걸어왔어.

"그러니까 사람들은 서로 나누고 양보할 줄 알아야 해요."

하느님은 말신과 양신도 세상으로 내려보냈어.

뒤이어 원숭이신이 촐랑대며 뛰어왔어.

"뭐니 뭐니 해도 사람들은 꾀와 재주가 있어야 해요. 그래야 편리하게
살 수 있을 테니까요."

원숭이신은 세상의 모든 원숭이들의 왕이지.

"재주만 많으면 다예요?"

닭들의 왕인 닭신도 되똥되똥 걸어왔어.

"사람들은 하느님이 정해 놓은 시간에 따라 살아야 해요. 일어날 때와
잠들 때, 일할 때와 놀 때를 가릴 줄 알아야지요."

하느님은 원숭이신과 닭신도 세상으로 내려보냈어.

 3 신들 중에서 사람들은 끈기와 참을성을 길러야 한다고 말한 것은 누구인지
쓰세요.

세상의 모든 개들의 우두머리인 개신이 헐레벌떡 달려오며 소리쳤어.

"시간보다 더 중요한 건 믿음이에요. 서로서로 믿고 따르면 모두가 친해질 수 있을 거예요."

"다 좋아요. 하지만 너무 서두르면 일을 망치기 쉬워요. 느긋한 마음으로 살아야 행복해질 수 있어요."

세상의 모든 돼지들의 우두머리인 돼지신이 열두 번째로 느릿느릿 걸어왔어. 하느님은 개신과 돼지신도 세상으로 내려보냈어.

이렇게 열두 신들을 세상으로 내려보내 놓고, 하느님은 다시 편안하게 잠을 자려고 했어. 그런데 그때 잠꾸러기 고양이신이 뒤늦게 달려왔어.

✦**서두르면**: 일을 빨리 해치우려고 급하게 바삐 움직이면.

"잠깐만요! 하느님, 저도 보내 주세요. 저는 사람들이 혼자서도 잘 살

수 있도록 하겠어요."

그러자 하느님이 손을 내저으며 말했어.

"이제 됐다. 보아라, 세상이 편안해졌지 않느냐?"

그러면서 하느님은 세상을 내려다보았어.

열두 신들은 사람들에게 살아가는 법을 열심히 가르치고 있었어.

쥐신은 부지런히 저축하도록 가르치고, 소신은 굳센 힘을 기르게 하

고, 호랑이신은 용기를 북돋아 주었어. 토끼신은 옳고 그른 것을 가려

주고, 용신은 구름을 불러 비를

뿌리고, 뱀신은 참을성을

길러 주었지.

 4 하느님이 열두 신들을 세상에 내려보내고 편안하게 잠을 자려고 할 때, 누가
찾아왔는지 쓰세요.

　말신은 씩씩하게 넓은 세상을 보여 주고, 양신은 너그럽게 나누어 갖
는 마음을 심어 주고, 원숭이신은 여러 가지 재주를 가르쳤어. 닭신은
새벽마다 사람들을 깨워 주고, 개신은 서로 믿게 하고, 돼지신은 느긋
하게 사는 법을 알려 주었지. 세상은 정말 아름답고 평화로웠단다.

　이제 하느님은 흐뭇하게 잠자리에 들었어.

　그런데 막 잠이 들려는데, 우당탕퉁탕! 또 시끄러운 소리가 들려왔어.

　"도대체 또 무슨 일이야!"

　하느님은 벌떡 일어나 세상을 내려다보았지.

"사람들이 편안하게 살 수 있게 된 건 다 내 덕분이야!
그러니까 내가 대장이 되어야 해."

"아냐, 내가 대장 할 거야!"

이번엔 열두 신들이 서로 자기가 대장이 되겠다며 티격태격 다투고 있는 거야. 세상은 다시 뒤죽박죽이 되었지. 하느님은 도저히 참을 수가 없었어.

"시끄럽다. 조용히 해!"

하느님이 열두 신들에게 소리쳤어.

"그렇게 다투려거든 당장 하늘나라로 돌아오너라!"

그러자 열두 신들은 서로 눈치를 보며 입을 꾹 다물었지.

 5 열두 신들이 다툰 까닭은 무엇인지 쓰세요.

서로 ☐☐ 이 되고 싶어 해서

"너희들은 사람들에게 꼭 필요한 것을 가르쳐 주었다. 모두 똑같이 훌륭한 일을 했어. 그러니 해마다 한 명씩 돌아가며 대장을 맡거라."

그런 뒤에 하느님이 한마디 덧붙였어.

"만약 또다시 세상을 시끄럽게 만들면 고양이신과 바꾸겠다!"

이 말에 가장 기뻐한 건 고양이신이었겠지.

하느님은 열두 신들에게 대장을 맡을 차례를 정해 주었어.

쥐신, 소신, 호랑이신, 토끼신, 용신, 뱀신, 말신, 양신, 원숭이신, 닭신, 개신, 돼지신 차례로. 처음에 세상으로 내려간 차례대로였지.

이때부터 세상에는 열두 띠가 생겼어. 소신이 대장이 되는 해는 소의 해, 개신이 대장이 되는 해는 개의 해가 된 거야.

　사람들도 모두 자기 띠를 타고나게 되었지. 말의 해에 태어나면 말띠, 돼지의 해에 태어나면 돼지띠.

　너는 무슨 띠야?

　참, 그 뒤 잠꾸러기 고양이신은 밤에도 잠을 자지 않고 열두 신들이 일을 잘하는지 살피고 다녔다는구나. 지금도 밤중에 파란 눈빛을 번뜩이며 어슬렁거리는 고양이들을 볼 수 있지.

　바로 고양이신이 시켜서 그러는 거래.

　하지만 아직까지 고양이신은 열세 번째 신으로 남아 있단다.

 6 열두 신들은 어떤 차례대로 대장을 맡게 되었는지 쓰세요.

처음에 ⬜⬜ 으로 내려간 차례대로

1 『열두 띠 이야기』에서 일어난 일의 차례를 생각하며 빈칸에 알맞은 말을 쓰세요.

① 하느님은 부지런함을 가르칠 쥐
신과 굳센 힘을 길러 줄 [　] 신을
세상으로 보냈다.

② 하느님은 용기를 북돋아 줄 호
랑이신과 옳고 그른 것을 가려 줄
[　][　] 신도 세상으로 보냈다.

③ 그리고 물을 이용하는 법을 가르쳐 줄
[　] 신과 끈기와 참을성을 길러 줄 뱀
신도 세상으로 보냈다.

④ 세상이 얼마나 넓은지 알려 줄 말신
과 양보하는 마음을 가르쳐 줄 [　] 신
도 세상으로 보냈다.

5 꾀와 재주를 가르칠 원숭이신과 일
할 때와 놀 때 등 때를 가르칠 ☐
신도 세상으로 보냈다.

6 하느님은 개신과 돼지신도 세상으
로 보냈으나 ☐☐☐ 신은
허락하지 않았다.

7 열두 신이 서로 ☐☐ 이 되겠
다며 다투어 하느님은 대장을 맡을 차례
를 정했고, 이때부터 열두 띠가 생겼다.

8 ☐☐☐ 신은 열두 신
들이 일을 잘하는지 살폈고, 아직까
지 열세 번째 신으로 남아 있다.

1 나는 무슨 띠인가요? 『열두 띠 이야기』에서 나의 띠를 나타내는 동물이 세상에 내려와 사람들에게 무엇을 가르쳐 주었는지 쓰세요.

• • •

사람이 태어난 해를 열두 동물로 나타낸 것을 띠라고 해요.

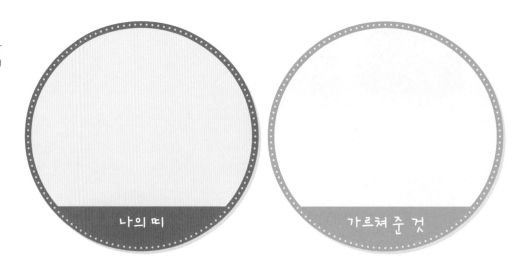

나의 띠

가르쳐 준 것

2 나라면 열두 신이 대장을 맡을 차례를 어떻게 정하겠는지 쓰고, 첫 번째 대장과 마지막 대장을 정해 보세요.

• • •

나라면 열두 띠를 어떤 차례로 정하겠는지 차례를 정할 방법을 생각해 보세요.

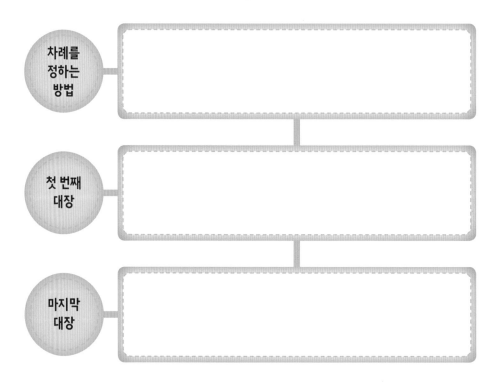

차례를 정하는 방법

첫 번째 대장

마지막 대장

3 다음과 같은 하느님의 말을 듣고 열두 신은 어떤 생각을 했을지 상상
하여 빈칸에 알맞은 말을 쓰세요.

•••
자신이 대장이 되어
야 한다며 다투던 열
두 신들이 하느님의
말을 듣고 어떤 생각
을 했을지 상상해 보
세요.

> 모두 똑같이 훌륭한 일을 했으니 해마다
> 한 명씩 돌아가며 대장을 맡거라. 또다시 세상을
> 시끄럽게 하면 고양이신과 바꾸겠다.

> 예 너희들도 열심히
> 사람들에게 살아가는 법을
> 가르쳤는데 나만 잘났다고
> 뽐내서 미안해.

4 고양이신은 고양이들을 시켜 열두 신들이 일을 잘하는지 살펴보게 했어요. 고양이신과 열두 신들의 입장이 되어 생각에 알맞은 까닭을 쓰세요.

···
남을 감시하는 고양이신의 행동이 옳은지, 옳지 않은지 생각해 보고, 그렇게 생각하는 까닭을 정리해 보세요.

당연히 다른 신들이 잘하는지 살펴봐야지. 왜냐하면

🖉 ----------

고양이신의 행동은 잘못되었다고 생각해. 왜냐하면

🖉 ----------

5 『열두 띠 이야기』에 나오는 열두 동물 외에 띠에 포함되었으면 하는 동물을 떠올려 보세요. 그리고 그렇게 생각한 까닭도 쓰세요.

● ● ●
띠에 포함되었으면
하는 동물과 그렇게
생각한 까닭을 정리
해 보세요.

포함되었으면 하는 동물	예 거북
그렇게 생각하는 까닭	예 열두 띠 중에 바다 속에 사는 동물이 없어서

포함되었으면 하는 동물	
그렇게 생각하는 까닭	

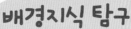

열두 마리의 동물신 **십이지신**

십이지신은 땅을 지키는 열두 마리의 동물신을 일컫는 말이고, 띠는 이 십이지신을 붙여 만든 것이에요.

띠는 원래 둥근 고리를 뜻하는 말인데, 우리 민족은 시간이 둥근 띠처럼 돌고 돈다고 생각했어요. 열두 달도 하나의 고리를 이루고, 해가 열두 번 지나면 하나의 고리를 이룬다고 생각했지요. 그래서 쥐해, 소해, 호랑이해, 토끼해…… 이렇게 12년마다 띠가 반복된답니다. 우리나라나 중국과 같은 동양에서는 띠와 그 띠에 해당하는 동물의 의미에 따라 그날이나 그해의 운수를 짐작해 보기도 해요.

십이지신을 한자어로 나타내면 다음과 같아요.

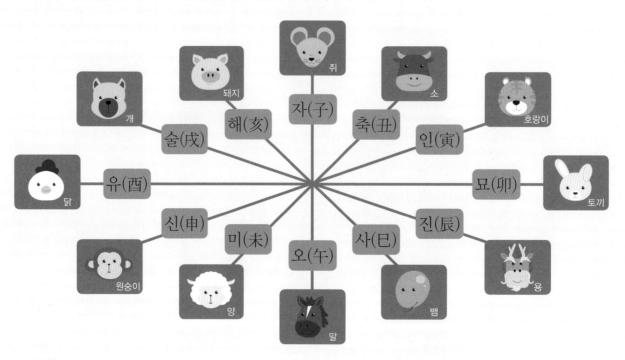

이런 책도 있어요

김기정, 『열두 띠의 비밀』, 한솔수북, 2014
김경복, 『열두 띠 열두 동물 이야기』, 상서각, 2013
차승우, 『똑딱똑딱 열두 띠 이야기』, 파란하늘, 2013

재미로 보는 **심리 테스트**

[적중률 : 상 중 하]

★ 길을 걷다 보니 아이스크림 가게가 눈에 보이네요. 어떤 아이스크림을 먹고 싶은지
한 가지 고르세요.

① 녹차 맛

② 초코 맛

③ 딸기 맛

④ 혼합 맛

● 결과는 가이드북 13쪽을 확인하세요.

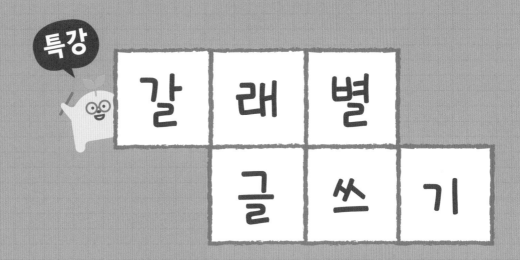

특강

갈래별 글쓰기

무	엇	을		쓸	까	요	?										
						어	떻	게		쓸	까	요	?				
		이	렇	게		써		봐	요	!							

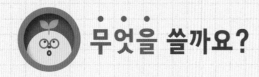

일기

일기는 그날 있었던 일 중에서 인상 깊었던 일과 그 일에 대한 자신의 생각이나 느낌을 쓴 글입니다.

어떤 내용이 들어가나요?

- 날짜와 요일
- 날씨
- 제목
- 겪은 일과 그 일에 대한 생각이나 느낌

날짜와 요일

날씨

2o○○년 5월 15일 수요일　날씨: 시원한 바람이 솔솔

제목: 신나는 종이접기 ← 제목

아빠께서 종이접기 책을 사 주셔서 동생
　　　　　　　　겪은 일
과 저녁을 먹고 종이접기를 했다. 종이접

기 책에 설명된 순서대로 종이를 접었다.

색종이로 사자, 원숭이, 물개 등 여러 가지

동물을 접어 보았다. 다 만든 것을 책상
　　　　　　　　생각이나 느낌
위에 세워 놓고 보니 내 방이 작은 동물원

이 된 것 같았다.

일기는 남에게 보여 주기 위한 글이 아니므로 꾸며서 쓰지 말고 솔직한 내 생각과 느낌을 쓰면 돼.

- 날짜와 요일을 쓰고, 날씨를 자세하게 씁니다.
- 글감이나 있었던 일에 생각과 느낌을 더해 제목을 씁니다.
- 겪은 일을 떠올린 뒤 언제, 어디에서, 누구와 무슨 일이 있었는지 자세하게 씁니다.
- 겪은 일에 대한 생각이나 느낌을 솔직하게 씁니다.

❶ 날씨를 자세하게 쓰기

- 흐림 → 구름이 하늘을 가린 날
- 바람 → 시원한 바람이 솔솔
- 눈 → 하늘에서 눈이 펑펑

❷ 글감이나 있었던 일에 생각과 느낌을 더해 제목 쓰기

- 공원에서 자전거를 탄 일
  → 자전거 타고 씽씽!
- 가족과 바닷가에 놀러 간 일
  → 물놀이는 즐거워

❸ 겪은 일을 자세하게 쓰기

- 놀이터에서 놀았다.
  → 친구와 놀이터에서 술래잡기를 하며 놀았다.

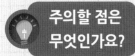

- 일기를 쓸 때 '나는', '오늘'과 같은 말을 반복적으로 쓰지 않도록 합니다.
- 날마다 반복되는 일은 쓰지 않습니다.

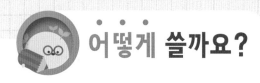 **어떻게 쓸까요?**

**겪은 일
정리하기**

1 다음 그림을 보고, 주혁이가 하루 동안 겪은 일은 무엇인지 쓰세요.

아침

(1) [　　　　　]를 보았다.

점심

(2) 친구와 _____.

저녁

(3) _____

**날짜와
요일, 날씨
쓰기**

2 날짜와 요일을 바르게 쓴 것의 기호를 쓰세요.

㉮ 　　　20○○년 6월 21일

㉯ 　　　20○○년 6월 21일 금요일

(　　　　　)

3 일기의 날씨를 자세히 표현한 말을 찾아 기호를 쓰세요.

> ㉮ 비   ㉯ 바람
>
> ㉰ 흐림   ㉱ 하루 종일 눈이 펑펑

(   )

4 다음 보기 와 같이 맑은 날씨를 자세히 표현하여 쓰세요.

> 보기
> • 해가 방긋
> • 하늘이 바다색이 되던 날
> • 햇빛이 가슴 깊이 포근함을 전해 준 날

_____

5 오늘 겪은 일을 일기로 쓰려고 합니다. 날짜와 요일, 날씨를 쓰세요.

(1) 날짜와 요일: _____

(2) 날씨: _____

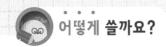
제목
정하기

6 다음 일을 일기로 쓸 때 제목으로 가장 알맞은 것의 기호를 쓰세요.

(1) 엄마가 떡볶이를 만들어 주신 일

㉮ 간식
㉯ 엄마는 요리사
㉰ 오늘 있었던 일

(   )

(2) 할아버지와 연날리기를 한 일

㉮ 놀이
㉯ 즐거웠던 일
㉰ 신나는 연날리기

(   )

7 다음 일을 일기로 쓸 때 알맞은 제목을 생각하여 쓰세요.

(1) 아버지께서 새 운동화를 사 주셨다.

_____

(2) 동생과 서로 장난감을 가지고 놀겠다고 다투다가 엄마께 꾸중을 들었다.

_____

겪은 일에
대한
생각이나
느낌 쓰기

8 겪은 일에 대한 생각이나 느낌을 쓴 문장을 찾아 ○표 하세요.

(1) 승환이와 놀이터에서 만나기로 했다.　　　　　(　　)

(2) 내가 시계를 잘못 봐서 30분이나 늦었다.　　　(　　)

(3) 약속을 지키지 못해 승환이에게 미안했다.　　　(　　)

9 겪은 일에 대한 생각이나 느낌을 쓴 문장을 찾아 기호를 쓰세요.

> ㉠국어 시간에 발표를 했다. ㉡꿈에 대한 발표였다. ㉢한 명씩
> 일어나 꿈을 말했다. ㉣내 차례가 되자 가슴이 떨렸다.

(　　　　)

10 다음 일에 대한 생각이나 느낌을 쓰세요.

(1)
> 방학을 맞아 가족과
> 함께 시골에 계신 할머
> 니 댁에 갔다.

_____

_____

(2)
> 점심에 숙제를 하는데
> 매미 소리가 들렸다.

_____

_____

이렇게 써 봐요!

•••
하루 동안 겪은 일 중에서 기억에 남는 일을 한 가지 골라 써 보세요.

1 내가 하루 동안 겪은 일 중에서 가장 기억에 남는 일을 한 가지 쓰세요.

2 **1**에서 답한 일을 떠올려 빈칸에 들어갈 내용을 정리하여 쓰세요.

언제	
어디에서	
누구와	
있었던 일	

•••
2에서 답한 일을 겪으면서 어떤 생각이나 느낌이 들었는지 써 보세요.

3 **2**에서 정리한 일에 대한 생각이나 느낌을 쓰세요.

4 **2**와 **3**에서 답한 내용을 바탕으로 하여 일기를 쓰세요.

날짜와 요일	
날씨	

제목: _____

_____

_____

_____

_____

_____

_____

_____

_____

_____

무엇을 쓸까요?

**물건을
설명하는 글**

친구들이 잘 모르는 물건, 자신에게 가장 소중한 물건, 새로 알게 된 물건 등 물건에 대해 상대방이 이해하기 쉽게 설명하는 글입니다.

 **어떤 내용이
들어가나요?**

- 제목
- 설명하려는 물건
- 물건의 특징
  - 색깔이나 모양
  - 쓰임이나 크기
  - 냄새나 맛
  - 만졌을 때의 느낌
  - 사용 방법 등

소중한 책가방
<small>제목</small>

제 책가방은 할머니께서 초등학교에 입학
<small>설명하려는 물건　　　　　설명하고 싶은 까닭</small>

할 때 사 주신 것으로, 저에게 가장 소중한

물건입니다. 제 책가방은 파란색과 남색이
<small>물건의 특징 - 색깔</small>

섞여 있습니다. 가방 앞에 멋진 로봇 그림이

그려져 있습니다. 가방 옆에 물통을 넣는 주
<small>물건의 특징 - 모양</small>

머니가 있습니다. 위쪽에 달려 있는 지퍼로
<small>물건의 특징 - 사용 방법</small>

가방을 열고 닫을 수 있습니다.

 그 물건을
설명하고 싶은 까닭을
쓰는 것도 좋아.

- 설명할 물건을 정하고, 설명하려는 까닭을 생각해 봅니다.
- 설명하려는 물건에 대해 읽는 사람이 궁금해할 만한 내용을 씁니다.
- 물건의 특징이 잘 드러나도록 자세하게 씁니다.
- 설명하려는 내용이 잘 드러나는 제목을 붙입니다.

❶ 물건의 특징이 잘 드러나도록 자세하게 쓰기

- 여러 가지 색깔이 섞인 지우개를 찾습니다.
  → 흰색과 노란색이 섞인 동그란 지우개를 찾습니다.
- 토끼 인형을 만지면 느낌이 좋습니다.
  → 토끼 인형을 만지면 느낌이 부드러워서 기분이 좋습니다.
- 내 머리핀은 작다.
  → 내 머리핀은 오백 원짜리 동전만 한 크기이다.

❷ 설명하는 물건에 어울리는 특징을 골라 쓰기

- 고구마에 대해 설명할 내용
  예 고구마의 모양, 색깔, 맛, 종류, 보관 방법
- 텔레비전에 대해 설명할 내용
  예 텔레비전의 모양, 색깔, 크기, 사용 방법
- 도자기에 대해 설명할 내용
  예 도자기의 모양, 색깔, 크기, 재료

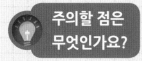 주의할 점은 무엇인가요?

- 설명하는 물건이 무엇인지 분명하게 씁니다.
- 내용을 사실대로 정확하게 써야 합니다.
- 설명하는 물건에 어울리는 특징을 골라 씁니다.

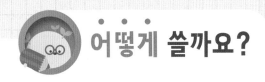

설명하는
글에 알맞은
대상 찾기

1 물건을 설명하는 글에 알맞은 대상을 모두 찾아 ○표 하세요.

▲ 곰 인형   ▲ 연필   ▲ 욕심

▲ 할아버지   ▲ 수박   ▲ 약속

2 다음은 무엇에 대해 설명하는 글인지 알맞은 것에 ○표 하세요.

> 잃어버린 모자를 찾습니다. 제 모자는 초록색이고, 귀여운 악어 그림이 그려져 있습니다. 그리고 귀마개가 달려 있습니다.

(1)   악어   (2)   모자   (3)   귀마개

(   )   (   )   (   )

3 오른쪽 연필깎이에 대해 설명하는 글을 쓸 때, 설명할 내용으로 알맞은 것을 두 가지 고르세요.

(   )

① 맛   ② 색깔

③ 크기   ④ 냄새

4 다음 장갑의 색깔에 대해 설명한 내용을 찾아 ○표 하세요.

(1) 만지면 느낌이 부드럽습니다.

(   )

(2) 파란색과 흰색이 섞여 있습니다.

(   )

5 다음 필통의 모양에 대해 설명한 내용을 찾아 기호를 쓰세요.

㉮ 주황색입니다.

㉯ 연필과 지우개 등을 담을 때 씁니다.

㉰ 둥근기둥 모양이고 지퍼가 달렸습니다.

(   )

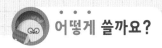

어떻게 쓸까요?

6 다음은 연필의 어떤 특징에 대해 설명한 것인가요? (   )

> 글씨를 쓰거나 그림을 그릴 때 씁니다.

① 냄새   ② 모양

③ 쓰임   ④ 크기

7 다음 설명하는 글을 읽고 알 수 있는 내용을 두 가지 고르세요.

(   )

박물관에서 옛날 사람들이 쓰던 그릇을 보았습니다. 위는 넓고 아래는 좁은 모양이고, 겉에 여러 개의 가는 줄무늬가 있습니다. 흙으로 만들었으며 갈색입니다.

▲ 빗살무늬토기
(출처: 국립중앙박물관)

① 모양   ② 색깔

③ 냄새   ④ 소리

8 청소기에 대해 설명하는 글을 쓰려고 합니다. 설명할 내용을 두 가지 떠올려 쓰세요.

(1) (   )

(2) (   )

9 다음 떡볶이의 특징이 잘 드러나도록 자세하게 쓴 것의 기호를 쓰세요.

(가) 냄새가 납니다. 좋아하는 맛입니다. 여러 가지 재료를 넣어 만듭니다.

(나) 매콤한 냄새가 납니다. 달콤하면서 매운맛입니다. 떡, 어묵, 파 등의 재료를 넣어 만듭니다.

(   )

10 아이가 말한 특징 중에서 한 가지를 골라, 다음 자전거를 설명하는 내용을 쓰세요.

자전거는 색깔, 모양, 움직이는 방법 등에 대해 설명할 수 있어.

_____

_____

나에게 가장 소중한 물건, 친구들에게 알리고 싶은 물건, 주변에서 설명하고 싶은 물건을 떠올려 보세요.

1 다른 사람에게 설명하고 싶은 물건은 무엇인지 쓰세요.

2 **1**에서 답한 물건을 설명하고 싶은 까닭을 쓰세요.

설명하고 싶은 물건에 어울리는 특징을 떠올려 보세요.

3 **1**에서 답한 물건에 대해 설명할 내용을 세 가지만 쓰세요.

- _____
- _____
- _____

4 **3**에서 정리한 내용을 바탕으로 하여 물건을 설명하는 글을 쓰세요.

글

2주 『신통방통 소식통』 임숙영 글 | 삼성출판사 | 2013년

3주 『숲속 거인의 흥미진진 퀴즈』 이춘영 글 | 삼성출판사 | 2013년

4주 『열두 띠 이야기』 정하섭 글 | 보림 | 2009년

사진

124쪽 「빗살무늬토기」 국립중앙박물관

▶ 위에 제시되지 않은 사진이나 이미지는 사용료를 지불하고 셔터스톡 코리아에서 대여했음을 밝힙니다.

▶ 길벗스쿨은 이 책에 실린 모든 글과 사진의 출처를 찾기 위해 최선의 노력을 기울였습니다.
   저작권자를 찾지 못해 허락을 받지 못한 글과 사진은 저작권자가 확인되는 대로 통상의 사용료를 지불하겠습니다.

앗!

본책의 가이드북을 분실하셨나요?
길벗스쿨 홈페이지에 들어오시면
내려받으실 수 있습니다.

기적의
독서 논술

가이드북

2권

1주 토끼의 재판

예 나그네가 구덩이에 빠진 호랑이를 구해 주자 호랑이가 나그네를 잡아먹으려고 했고, 토끼가 꾀를 내어 호랑이를 다시 구덩이에 들어가게 하는 내용이 펼쳐질 것이다.

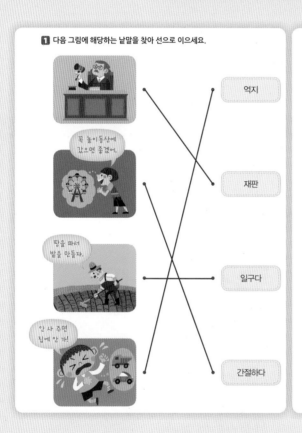

1 다음 그림에 해당하는 낱말을 찾아 선으로 이으세요.

억지

재판

일구다

간절하다

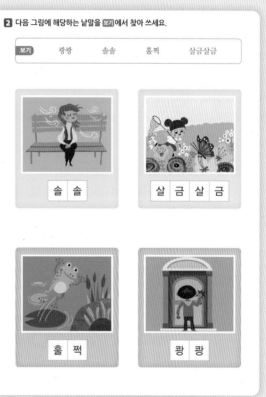

2 다음 그림에 해당하는 낱말을 보기에서 찾아 쓰세요.

보기 쾅쾅 솔솔 훌쩍 살금살금

솔 솔

살 금 살 금

훌 쩍

쾅 쾅

낱말 탐구

✦ **억지:** 잘 안될 일을 무리하게 기어이 해내려는 고집.

✦ **재판:** 옳고 그름을 따져 판단함.

✦ **일구다:** 논밭을 만들기 위하여 땅을 파서 일으키다.

✦ **간절하다:** 마음속에서 우러나와 바라는 정도가 매우 절실하다.

✦ **솔솔:** 바람이 보드랍게 부는 모양.

✦ **살금살금:** 남이 알아차리지 못하도록 눈치를 살펴 가면서 살며시 행동하는 모양.

✦ **훌쩍:** 단숨에 가볍게 뛰거나 날아오르는 모양.

✦ **쾅쾅:** 무겁고 단단한 물체가 잇따라 바닥에 떨어지거나 다른 물체와 부딪쳐 울리는 소리.

내용 확인 **1** 구덩이   **2** (2) ○   **3** (1) ○   **4** 사람   **5** 구덩이   **6** 은혜를 모른다.

1 호랑이는 슬픈 목소리로 나그네에게 자신을 구덩이에서 꺼내 달라고 부탁했습니다.

2 호랑이는 구덩이에서 나오자마자 은혜를 잊지 않겠다는 약속을 지키지 않고 나그네를 잡아먹으려고 했습니다.

3 소나무와 소는 은혜를 모르기는 사람이 더하다고 말하며 호랑이가 나그네를 잡아먹어도 된다고 했습니다.

4 호랑이는 자신이 구덩이에 빠진 것은 사람 때문이라서 사람은 잡아먹어도 된다고 말했습니다.

5 꾀 많은 토끼는 호랑이를 다시 구덩이 속으로 들어가게 하려고 엉뚱한 소리를 하며 못 알아들은 척했습니다.

6 토끼는 호랑이를 향해 은혜도 모르는 못된 호랑이라고 말했습니다.

1 『토끼의 재판』에서 일어난 일의 차례대로 ○ 안에 번호를 쓰세요.

1 호랑이를 구해 준 나그네의 행동에 대해 어떻게 생각하는지 쓰세요.

 나그네는 처음에 호랑이를 구해 주면 호랑이가 자신을 잡아먹을 수도 있다고 생각했어.

 그렇지만 호랑이가 불쌍하다고 생각하여 결국 구해 주었지.

✍예 위험해질 수 있는데도 호랑이를 구해 준 나그네가 훌륭하다. / 누군가가 어려움에 처했을 때에는 당연히 도와주어야 한다. / 호랑이가 나그네를 해칠 수도 있으므로 다른 사람을 데려온 뒤 함께 호랑이를 구해 주는 것이 더 나을 것 같다.

2 나그네와 호랑이가 다음과 같이 행동했다면 이야기가 어떻게 되었을지 상상하여 쓰세요.

나그네가 호랑이를 구해 주지 않았다면?

✍예 구덩이에 빠진 호랑이가 밖으로 나오지 못하고 굶어 죽었을 것이다.

호랑이가 나그네에게 은혜를 갚으려고 했다면?

✍예 나그네가 가던 길을 안전하게 갈 수 있도록 옆에서 지켜 주었을 것이다.

감사합니다!

3 소나무와 소, 토끼 중에서 누구의 생각이 옳다고 생각하는지 까닭과 함께 쓰세요.

 호랑이가 나그네를 잡아먹어도 된다.

 호랑이가 나그네를 잡아먹으면 안 된다.

누구의 생각이 옳을까?

✍예 · 토끼
· 소나무와 소

그 까닭은 무엇일까?

✍예 · 호랑이의 목숨을 구해 준 나그네를 잡아먹는 것은 은혜를 모르는 행동이기 때문이다.
· 사람도 소나무와 소에게 도움을 받으면서 은혜를 모르고 행동하기 때문이다.

4 내가 토끼라면 나그네를 어떻게 도와주었을지 쓰세요.

만약에 내가 토끼라면

✍예 더 맛있는 음식이 있는 곳을 알려 주겠다고 하며 호랑이를 속인 뒤 호랑이를 사냥꾼의 집으로 데려갈 것이다.

토끼는 호랑이를 구덩이에 다시 들어가게 하려고 나그네와 호랑이의 말을 못 알아들은 척하며 나그네를 도와요.

5 구덩이에 다시 들어간 호랑이는 어떤 생각을 하며 지냈을지 상상하여 쓰세요.

예 나그네를 잡아먹으려고 한 것이 후회가 되는구나. / 누군가가 날 도와주러 오면 좋겠다. / 구덩이에서 나가면 정말 착하게 살 거야.

해설

1 나그네가 호랑이를 구해 준 행동에 대한 자신의 생각을 정리하여 써 봅니다.

2 나그네가 호랑이를 구해 주지 않았다면 호랑이가 어떻게 되었을지, 호랑이가 나그네에게 은혜를 갚으려고 했다면 나그네를 대하는 태도가 어떻게 달랐을지 상상해 봅니다.

3 호랑이가 나그네를 잡아먹으려고 한 일에 대해 소나무와 소, 토끼의 생각이 서로 다릅니다. 누구의 생각이 옳다고 생각하는지 까닭과 함께 알맞게 썼으면 정답으로 합니다.

4 호랑이에게 잡아먹힐 위기에 처한 나그네를 돕는 방법으로 적절하면 정답으로 합니다.

5 구덩이에 다시 들어간 호랑이는 슬픈 마음, 후회되는 마음이 들었을 것입니다. 호랑이가 했을 생각으로 알맞으면 정답으로 합니다.

2주 신통방통 소식통

읽기 전 생각 열기

예 우리 몸의 감각 기관에는 눈, 코, 귀, 혀, 피부가 있고, 각 기관이 어떤 일을 하는지 알려 주는 내용이 펼쳐질 것이다.

읽기 전 낱말 탐구

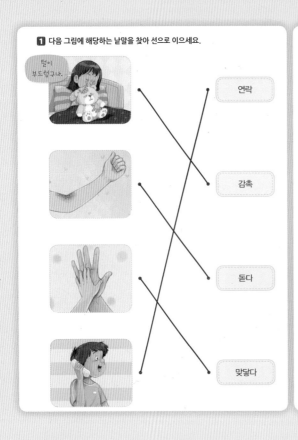

1 다음 그림에 해당하는 낱말을 찾아 선으로 이으세요.

- 연락
- 감촉
- 돋다
- 맞닿다

2 다음 그림에 해당하는 낱말을 보기에서 찾아 쓰세요.

보기   더듬더듬   부르르   쫑긋쫑긋   오돌토돌

부 르 르

더 듬 더 듬

오 돌 토 돌

쫑 긋 쫑 긋

낱말 탐구

+ **연락:** 어떤 사실을 상대편에게 알림.
+ **감촉:** 외부의 자극이 피부 감각을 통하여 전해지는 느낌.
+ **돋다:** 살갗에 어떤 것이 우툴두툴하게 내밀다.
+ **맞닿다:** 마주 닿다.
+ **부르르:** 몸을 크게 떨거나 몸이 크게 떨리는 모양.

+ **더듬더듬:** 무엇을 찾거나 알아보려고 손으로 자꾸 이리저리 만지는 모양.
+ **오돌토돌:** 거죽이나 바닥이 고르지 아니하게 군데군데 도드라져 있는 모양.
+ **쫑긋쫑긋:** 자꾸 입술이나 귀 따위를 빳빳하게 세우거나 뾰족이 내미는 모양.

내용 확인   **1** 피부   **2** 빛이 있고 눈을 뜬 경우   **3** 귓바퀴   **4** 후각   **5** 신통방통 감촉 소식통   **6** 뇌

1 머리에 있는 눈, 코, 귀, 혀 그리고 온몸을 덮은 피부가 바로 다섯 가지 신통방통 소식통입니다.

2 눈과 빛이 있어야 물체를 볼 수 있는데, 빛이 물체에 부딪쳐 눈으로 들어오면 물체를 볼 수 있습니다.

3 두 귀는 나팔처럼 생긴 귓바퀴로 소리를 모아서 뇌로 소식을 보냅니다.

4 꽃 냄새, 된장찌개 냄새, 고린내 등 코로 세상 냄새를 맡는 것을 후각이라고 합니다.

5 신통방통 맛 소식통은 혀를 가리키는 말이고, 신통방통 감촉 소식통은 피부를 가리키는 말입니다.

6 다섯 소식통은 주위에서 무슨 일이 일어나는지 뇌에게 전달하고, 뇌는 소식통이 준 정보를 판단해 몸에 명령을 내립니다.

1 우리 몸의 감각 기관에 대해 생각하며 빈칸에 알맞은 말을 쓰세요.

우리 몸의 감각 기관

종류 **눈**
하는 일 물체의 모습을 볼 수 있게 해 주는데, 이것을 시각이라고 해요.
감각을 느끼는 방법 두 눈이 **빛** 을 모아서 물체의 모습을 사진으로 찍어 뇌로 보내면 뇌가 무엇을 보았는지 알려 줘요.

종류 **귀**
하는 일 소리를 들을 수 있게 해 주는데, 이것을 청각이라고 해요.
감각을 느끼는 방법 **귓바퀴** 가 소리를 모아서 뇌로 보내면 뇌가 무슨 소리인지 알려 줘요.

종류 **코**
하는 일 냄새를 맡을 수 있게 해 주는데, 이것을 후각이라고 해요.
감각을 느끼는 방법 코의 안쪽에 있는 끈적끈적한 부분으로 냄새 알갱이를 붙잡아 뇌로 보내면 뇌가 무슨 냄새인지 알려 줘요.

종류 **혀**
하는 일 맛을 느끼게 해 주는데, 이것을 미각이라고 해요.
감각을 느끼는 방법 음식에 있는 맛을 내는 알갱이를 혀에 있는 작은 **돌기** 로 붙잡아 뇌로 보내면 뇌가 무슨 맛인지 알려 줘요.

종류 **피부**
하는 일 감촉을 느끼게 해 주는데, 이것을 촉각이라고 해요.
감각을 느끼는 방법 촉각 세포가 느낀 걸 뇌로 보내면 뇌가 어떤 느낌인지 알려 줘요.

1 오늘 나의 감각 기관을 통해 느낀 것을 쓰세요.

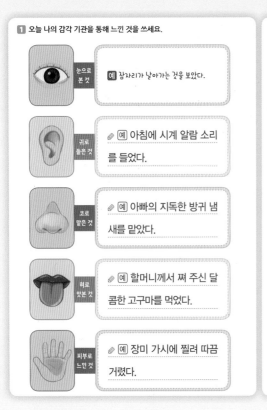

눈으로 본 것 : 예 잠자리가 날아가는 것을 보았다.

귀로 들은 것 : 예 아침에 시계 알람 소리를 들었다.

코로 맡은 것 : 예 아빠의 지독한 방귀 냄새를 맡았다.

혀로 맛본 것 : 예 할머니께서 쪄 주신 달콤한 고구마를 먹었다.

피부로 느낀 것 : 예 장미 가시에 찔려 따끔거렸다.

2 뇌는 감각 기관이 준 정보를 판단해서 우리가 위험에 처하지 않게 알맞은 명령을 내려요. 다음 상황에서 뇌가 어떤 명령을 내릴지 쓰세요.

예 주전자가 뜨거우니까 주전자에서 손을 떼.

예 냄새가 이상하니까 상한 거야. 먹지 말고 버려.

예 공이 날아오니까 맞지 않도록 고개를 숙여.

해설

1 귀로 어떤 소리를 들었는지, 코로 어떤 냄새를 맡았는지, 혀로 어떤 맛을 느꼈는지, 피부로 어떤 감촉을 느꼈는지가 드러나게 썼으면 정답으로 합니다.

2 이상한 냄새가 나면 뇌는 코를 움켜쥐거나 냄새를 맡지 말라는 명령을 내릴 것입니다. 또 공이 날아오면 뇌는 공을 맞지 않도록 고개를 숙이거나 피하라는 명령을 내릴 것입니다. 상황에 어울리는 명령을 내렸으면 정답으로 합니다.

3 우리 몸에 다음 감각이 없다면 어떻게 될지 상상하여 쓰세요.

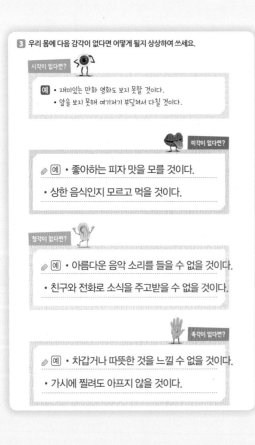

시각이 없다면?
예 • 재미있는 만화 영화도 보지 못할 것이다.
• 앞을 보지 못해 여기저기 부딪쳐서 다칠 것이다.

미각이 없다면?
예 • 좋아하는 피자 맛을 모를 것이다.
• 상한 음식인지 모르고 먹을 것이다.

청각이 없다면?
예 • 아름다운 음악 소리를 들을 수 없을 것이다.
• 친구와 전화로 소식을 주고받을 수 없을 것이다.

촉각이 없다면?
예 • 차갑거나 따뜻한 것을 느낄 수 없을 것이다.
• 가시에 찔려도 아프지 않을 것이다.

4 감각 기관과 관련하여 내 몸의 건강을 지키기 위한 다짐을 써 보세요.

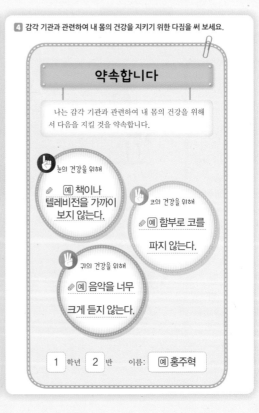

약속합니다

나는 감각 기관과 관련하여 내 몸의 건강을 위해서 다음을 지킬 것을 약속합니다.

눈의 건강을 위해
예 책이나 텔레비전을 가까이 보지 않는다.

코의 건강을 위해
예 함부로 코를 파지 않는다.

귀의 건강을 위해
예 음악을 너무 크게 듣지 않는다.

1 학년 2 반 이름 : 예 홍주혁

3 맛을 느끼는 미각, 소리를 듣는 청각, 감촉을 느끼는 촉각이 없다면 어떻게 될지 일어날 일을 상상하여 알맞게 썼으면 정답으로 합니다.

4 눈, 코, 귀의 건강을 위해 지킬 수 있는 약속을 알맞게 썼으면 정답으로 합니다.

3주 숲속 거인의 흥미진진 퀴즈

예 집을 떠난 여자아이가 뱀과 가시덤불이 있는 길을 지나 거인의 집에 가서 퀴즈를 푸는 내용이 펼쳐질 것이다.

1 다음 그림에 해당하는 낱말을 찾아 ○표 하세요.

- 무엇을 마실까? · 망설이다 / 도전하다
- 보물섬 도착! · 타이르다 / (다다르다)
- · 부스스하다 / (으스스하다)
- · (늘어지다) / 끊어지다

2 다음 그림에 해당하는 낱말을 보기에서 찾아 쓰세요.

보기   발길   곰곰이   곤하다   엉키다

| 발 길 | 곤 하 다 |
| 곰 곰 이 | 엉 키 다 |

낱말 탐구

+ **망설이다:** 이리저리 생각만 하고 태도를 결정하지 못하다.
+ **다다르다:** 목적한 곳에 이르다.
+ **으스스하다:** 차거나 싫은 것이 몸에 닿았을 때 크게 소름이 돋는 느낌이 있다.
+ **늘어지다:** 물체의 끝이 아래로 처지다.

+ **발길:** 앞으로 움직여 걸어 나가는 발.
+ **곤하다:** 몹시 고단하여 잠든 상태가 깊다.
+ **곰곰이:** 여러모로 깊이 생각하는 모양.
+ **엉키다:** 실이나 줄 따위가 풀기 힘들 정도로 서로 한데 얽히게 되다.

내용 확인 **1** 오빠 **2** (1) ○ **3** 용감하다. **4** 거울 **5** 착한 친구 **6** 용기

1 랑랑이는 숲속 거인이 오빠를 잡아간 거라는 말을 듣고 오빠를 찾기 위해서 거인을 찾아가려고 합니다.

2 랑랑이는 지도를 보고 다리에서부터 거꾸로 길을 찾아 무사히 다리를 건넜습니다.

3 랑랑이는 어렵고 두려운 상황에서도 포기하지 않는 씩씩하고 용감한 성격입니다.

4 랑랑이가 번호가 있는 방문 중에서 하나를 열자 방 안에는 여러 개의 커다란 거울이 있는 거울의 방이 있었습니다.

5 랑랑이가 거인에게 소리치자 오빠는 거인이 자신을 구해 준 착한 친구라고 하면서 랑랑이를 말렸습니다.

6 못생겨서 사람들이 자신을 좋아하지 않을 거라고 걱정하는 거인에게 랑랑이는 용기가 필요하다고 했습니다.

1 『숲속 거인의 흥미진진 퀴즈』에서 일어난 일의 차례를 생각하며 빈칸에 알맞은 말을 쓰세요.

① 랑랑이가 하얀 수염 할아버지를 찾아가 오빠를 잡아간 거인이 사는 곳을 알려 달라고 했다.

② 복잡한 길을 본 랑랑이는 지도를 펼치고 다리에서부터 거꾸로 길을 찾아 다리를 건넜다.

③ 강기슭에서 랑랑이는 사각형 모양 지붕에 삼각형 모양 깃발이 있고, 원 모양 창문이 있는 배를 찾았다.

④ 랑랑이는 뱀이 우글우글하고, 가시덤불이 뾰족뾰족한 길을 지나 거인의 집에 도착했다.

⑤ 거울의 방에 들어온 랑랑이는 거울에 자신의 모습을 비추어 보면서 가짜 거울 문을 찾았다.

⑥ 거인과 오빠를 찾은 랑랑이는 오빠의 얘기를 듣고 거인이 착한 친구라는 것을 알게 되었다.

⑦ 못생긴 얼굴 때문에 숨어 지냈던 거인은 마을로 가서 함께 살자는 랑랑이의 말에 용기를 얻었다.

⑧ 마을로 간 거인은 재미있는 퀴즈로 아이들을 즐겁게 해 주며 사람들과 행복하게 살았다.

1 다음 그림에서 랑랑이가 타면 안 되는 배와 그 까닭을 생각해 보고, 빈칸에 알맞은 말을 쓰세요.

사각형 모양 지붕에 삼각형 모양 깃발이 있고, 원 모양 창문이 3개 있는 배를 타라!

랑랑이가 타면 안 되는 배는 **2**번이야. 왜냐하면, **2**번 배는 삼각형 모양 지붕에 사각형 모양의 깃발이 달려 있고, 원 모양 창문도 1개야.

또 랑랑이가 타면 안 되는 배는 **3**번이야. 왜냐하면 ✎ 〔예〕 **3**번 배는 창문이 사각형 모양이기 때문이야.

2 여러 가지 도형을 이용하여 그림을 그려 보고, 무엇을 그린 것인지 설명해 보세요.

3개의 곧은 선들로 둘러싸인 도형은 삼각형이야.

4개의 곧은 선들로 둘러싸인 도형은 사각형이야.

어느 쪽에서 보아도 똑같이 둥그란 모양의 도형은 원이야.

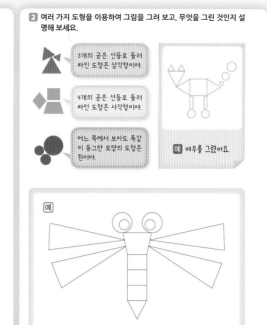

〔예〕 여우를 그렸어요.

〔예〕

✎ 〔예〕 잠자리를 그렸어요.

3 우리 주변의 물건이 다음과 같은 모양이라면 어떤 일이 일어날지 생각하여 쓰세요.

옷걸이가 공 모양이라면?

〔예〕 옷걸이를 벽에 잘 걸지도 못할 것이고, 옷도 옷걸이에 잘 걸리지 않을 것이다.

자전거 바퀴가 상자 모양이라면?

✎ 〔예〕 앞으로 굴러가지 않을 것이다. / 평평해서 바닥을 쓸고 다닐 것이다.

책상이 둥근기둥 모양이라면?

✎ 〔예〕 책상 위에 책을 놓지 못할 것이다. / 책상이 제자리에 있지 못하고 굴러갈 것이다.

4 거인에게 용기를 주었던 랑랑이가 다음 친구들을 만난다면 어떤 말로 용기를 줄지 생각하여 쓰세요.

이렇게 못생긴 나를 누가 좋아하겠어?

아저씨는 못생기지 않았어요. 충분히 멋진걸요.

일등은 못했지만 최선을 다해 달렸잖아.

✎ 〔예〕 일등은 못했지만 최선을 다해 달렸잖아. 그것만으로도 충분해.

열심히 달렸는데 일등을 못했어.

목소리가 작아서 발표할 자신이 없어.

✎ 〔예〕 큰 목소리로 또박또박 말하는 연습을 해 봐. 노력하면 무엇이든 할 수 있어.

해설

1 타야 하는 배와 다른 모양의 배는 **2**와 **3**입니다. **2**번 배는 지붕이 삼각형, 깃발이 사각형 모양이고, 원 모양 창문이 1개이기 때문에 타면 안 되고, **3**번 배는 다른 것은 맞지만 창문이 사각형 모양이기 때문에 타면 안 됩니다.

2 삼각형, 사각형, 원을 이용하여 알맞게 그림을 그렸으면 정답으로 합니다.

3 자전거 바퀴가 상자 모양일 때, 책상이 둥근기둥 모양일 때 어떤 일이 일어날지 알맞게 상상하여 썼으면 정답으로 합니다.

4 '훌륭하다, 충분하다, 잘할 수 있다.'와 같이 긍정적이고 행복한 느낌을 주는 말, 자신감을 줄 수 있는 말을 썼으면 정답으로 합니다.

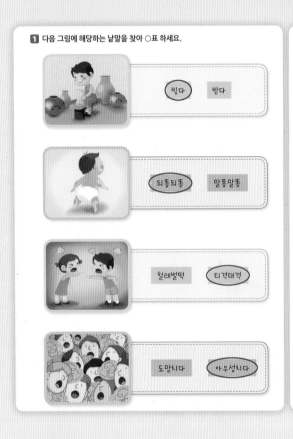

낱말 탐구

+ **빚다:** 흙 따위의 재료를 이겨서 어떤 형태를 만들다.

+ **뒤뚱뒤뚱:** 작고 묵직한 물체나 몸이 중심을 잃고 가볍게 이리저리 기울어지며 자꾸 흔들리는 모양.

+ **티격태격:** 서로 뜻이 맞지 아니하여 이러니저러니 시비를 따지며 가리는 모양.

+ **아우성치다:** 떠들썩하게 기세를 올려 소리를 지르다.

+ **끈기:** 쉽게 단념하지 아니하고 끈질기게 견디어 나가는 기운.

+ **쩨쩨하다:** 사람이 잘고 인색하다.

+ **내젓다:** 손이나 손에 든 물건 따위를 앞이나 밖으로 내어 휘두르다.

+ **느긋하다:** 마음에 흡족하여 여유가 있고 넉넉하다.

내용 확인 ① 살아가는 법 ② 굳센 힘 ③ 뱀신 ④ 고양이신 ⑤ 대장 ⑥ 세상

① 사람들에게 살아가는 법을 가르쳐 주는 것을 깜박 잊은 하느님은 세상으로 내려갈 열두 명의 신들을 뽑기로 했습니다.

② 소신은 힘이 없다면 제대로 일을 할 수 없으므로 사람들은 황소처럼 굳센 힘을 길러야 한다고 했습니다.

③ 뱀신은 모든 멋진 일은 끈기와 참을성이 있어야 이룰 수 있으므로 사람들은 끈기와 참을성을 길러야 한다고 했습니다.

④ 고양이신은 자신도 세상으로 보내 달라고 하며 사람들이 혼자서도 잘 살 수 있도록 하겠다고 했습니다.

⑤ 열두 신들은 서로 자기가 대장이 되겠다며 티격태격 다투었습니다.

⑥ 열두 신들은 처음에 세상으로 내려간 차례대로 대장이 되었습니다.

1 『열두 띠 이야기』에서 일어난 일의 차례를 생각하며 빈칸에 알맞은 말을 쓰세요.

① 하느님은 부지런함을 가르칠 쥐신과 굳센 힘을 길러 줄 **소** 신을 세상으로 보냈다.

② 하느님은 용기를 북돋아 줄 호랑이신과 옳고 그른 것을 가려 줄 **토** **끼** 신도 세상으로 보냈다.

③ 그리고 물을 이용하는 법을 가르쳐 줄 **용** 신과 끈기와 참을성을 길러 줄 뱀신도 세상으로 보냈다.

④ 세상이 얼마나 넓은지 알려 줄 말신과 양보하는 마음을 가르쳐 줄 **양** 신도 세상으로 보냈다.

⑤ 꾀와 재주를 가르칠 원숭이신과 일할 때와 놀 때 등 때를 가르칠 **닭** 신도 세상으로 보냈다.

⑥ 하느님은 개신과 돼지신도 세상으로 보냈으나 **고** **양** **이** 신은 허락하지 않았다.

⑦ 열두 신이 서로 **대** **장** 이 되겠다며 다투어 하느님은 대장을 맡을 차례를 정했고, 이때부터 열두 띠가 생겼다.

⑧ **고** **양** **이** 신은 열두 신들이 일을 잘하는지 살폈고, 아직까지 열세 번째 신으로 남아 있다.

1 나는 무슨 띠인가요? 『열두 띠 이야기』에서 나의 띠를 나타내는 동물이 세상에 내려와 사람들에게 무엇을 가르쳐 주었는지 쓰세요.

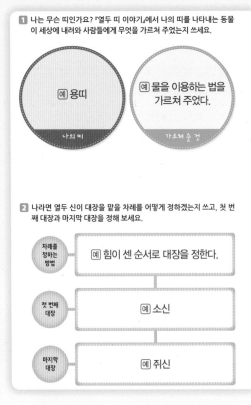

[예] 용띠
나의 띠

[예] 물을 이용하는 법을 가르쳐 주었다.
가르쳐 준 것

2 나라면 열두 신이 대장을 맡을 차례를 어떻게 정하겠는지 쓰고, 첫 번째 대장과 마지막 대장을 정해 보세요.

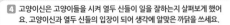

차례를 정하는 방법
[예] 힘이 센 순서로 대장을 정한다.

첫 번째 대장
[예] 소신

마지막 대장
[예] 쥐신

3 다음과 같은 하느님의 말을 듣고 열두 신은 어떤 생각을 했을지 상상하여 빈칸에 알맞은 말을 쓰세요.

모두 똑같이 훌륭한 일을 했으니 해마다 한 명씩 돌아가며 대장을 맡거라. 또다시 세상을 시끄럽게 하면 고양이신과 바꾸겠다.

[예] 세상에 내려간 차례대로 대장이 되니 참고 기다리자.

[예] 너희들도 열심히 사람들에게 살아가는 법을 가르쳤는데 나만 잘났다고 뽐내서 미안해.

[예] 고양이신과 바꿀 수도 있다고 했으니 다투지 말아야겠어.

4 고양이신은 고양이들을 시켜 열두 신들이 일을 잘하는지 살펴보게 했어요. 고양이신과 열두 신들의 입장이 되어 생각에 알맞은 까닭을 쓰세요.

당연히 다른 신들이 잘하는지 살펴봐야지. 왜냐하면
✎[예] 세상을 시끄럽게 하는 신을 찾아야 내가 열두 신이 될 수 있기 때문이야.

고양이신의 행동은 잘못되었다고 생각해. 왜냐하면
✎[예] 자기가 열두 신이 되려고 우리를 감시하는 것은 기분 나쁜 행동이기 때문이야.

5 『열두 띠 이야기』에 나오는 열두 동물 외에 띠에 포함되었으면 하는 동물을 떠올려 보세요. 그리고 그렇게 생각한 까닭도 쓰세요.

포함되었으면 하는 동물
[예] 거북

그렇게 생각하는 까닭
[예] 열두 띠 중에 바다 속에 사는 동물이 없어서

포함되었으면 하는 동물
[예] 고양이

그렇게 생각하는 까닭
[예] 아직까지 열세 번째 신으로 남아 있는 것이 안타까워서

해설

1 나의 띠를 나타내는 동물이 세상에 내려와 무엇을 가르쳐 주었는지 알아봅니다.

2 하느님은 세상에 내려간 차례대로 대장을 맡게 했습니다. 나라면 어떻게 차례를 정할지 생각해 보고, 첫 번째 대장과 마지막 대장은 누가 될지 정해 봅니다.

3 똑같이 훌륭했다는 하느님의 말을 듣고 부끄럽다는 생각, 양보해야겠다는 생각, 기다리자는 생각 등을 할 수 있습니다. 이야기 속 인물이 되어 알맞은 생각을 썼으면 정답으로 합니다.

4 고양이들을 시켜 열두 신들이 일을 잘하는지 살펴보는 고양이신의 행동이 잘못이라고 생각하는 까닭, 잘못이 아니라고 생각하는 까닭을 알맞게 썼으면 정답으로 합니다.

5 띠에 포함되었으면 하는 동물을 떠올려 알맞은 까닭을 써 봅니다. '좋아해서, 귀여워서'와 같이 짧은 답을 썼어도 까닭으로 알맞으면 정답으로 합니다.

37쪽

★ 그림 속 아이의 표정을 상상하여 그려 보세요.

61쪽

★ 친구의 생일잔치에 갔는데 맛있는 게 정말 많아요!
같은 모양이 각각 몇 개씩 있는지 세어 보세요.

⬤	6	▲	4	⬭	6	⬠	1

85쪽

★ 오늘은 코끼리 마을에서 축제가 열리는 날이에요. 몸에 무늬를 그려 들판에서 뛰노는 날이죠! 아기 코끼리에게 멋진 무늬를 그려 주세요.

109쪽

재미로 보는 심리 테스트 결과

① 녹차 맛

모든 일에 긍정적인 당신!
어려운 일이 생겨도 긍정적인 마음으로 차분하게 헤쳐 나가는 타입이에요.

② 초코 맛

감성이 풍부하지만 소심한 당신!
소심해서 사람들에게 거리를 두는 편이지만, 친해지면 첫인상과 달리 밝고 재미있는 모습을 보여 주는 타입이에요.

③ 딸기 맛

좋고 싫음이 명확한 당신!
좋아하는 것과 싫어하는 것을 분명하게 알고 있네요. 그렇기 때문에 싫어하는 사람과 1분 1초라도 함께 있는 것을 아주 싫어해요.

④ 혼합 맛

새로운 도전을 즐기는 당신!
한 번도 해 본 적 없는 새로운 일을 배우는 것을 좋아하는 타입이에요.

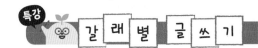

일기 어떻게 쓸까요?

114~117쪽

1 (1) 강아지 (2) 축구를 했다. (3) 예 아빠께 칭찬을 들었다. **2** ㉯ **3** ㉣ **4** 예 나들이하기 좋은 날 **5** (1) 예 20○○년 6월 15일 금요일 (2) 예 하루 종일 해님이 반짝 **6** (1) ㉯ (2) ㉰ **7** (1) 예 새 신을 신고 뛰어 보자 팔짝! (2) 예 장난감 전쟁 **8** (3) ○ **9** ㉣ **10** (1) 예 오랜만에 할머니를 만나서 반갑고 기뻤다. (2) 예 매미가 놀자고 부르는 소리 같았다.

1 주혁이는 아침에는 강아지를 보았고, 점심에는 친구와 축구를 했으며, 저녁에는 아빠께 칭찬을 들었습니다.

3 ㉣는 눈 오는 날씨를 자세히 표현했습니다.

5 날짜와 요일을 쓰고, 나만의 방법으로 날씨를 자세히 씁니다.

6 엄마가 떡볶이를 만들어 주신 일을 쓴 일기의 제목으로 알맞은 것은 '엄마는 요리사', 할아버지와 연날리기를 한 일을 쓴 일기의 제목으로 알맞은 것은 '신나는 연날리기'입니다. 나머지는 겪은 일이 구체적으로 드러나지 않는 제목입니다.

7 겪은 일이 잘 드러나거나 그 일에 대한 생각이나 느낌이 잘 드러나는 제목을 떠올려 써 봅니다.

8 (1)과 (2)는 겪은 일을 쓴 문장입니다.

9 ㉠~㉢은 겪은 일에 해당합니다.

10 할머니 댁에 갔던 일, 매미 소리를 들은 일에 어울리는 생각이나 느낌을 써 봅니다.

이렇게 써 봐요!

1 내가 하루 동안 겪은 일 중에서 가장 기억에 남는 일을 한 가지 쓰세요.

> 예 교실에서 모둠 친구들과 공기놀이를 한 일

2 **1**에서 답한 일을 떠올려 빈칸에 들어갈 내용을 정리하여 쓰세요.

언제	예 점심시간에
어디에서	예 교실에서
누구와	예 모둠 친구들과
있었던 일	예 공기놀이를 했다. 나와 해찬이가 한편이 되었는데 내가 공기 알을 자꾸 놓쳐서 우리 편이 졌다.

3 **2**에서 정리한 일에 대한 생각이나 느낌을 쓰세요.

> 예 공기놀이에서 져서 속상했다. 해찬이에게도 미안했다. 공기 연습을 열심히 해야겠다고 생각했다.

4 **2**와 **3**에서 답한 내용을 바탕으로 하여 일기를 쓰세요.

날짜와 요일	예 20○○년 5월 9일 목요일
날씨	예 하루 종일 해님이 반짝

제목: 예 해찬아, 미안해

점심시간에 교실에서 모둠 친구들과 공기놀이를 했다. 나와 해찬이가 한편이 되었고, 민경이와 수진이가 한편이 되었다. 가위바위보를 하여 순서를 정했는데, 우리 편이 이겨서 우리 편부터 했다. 그런데 자꾸만 내가 공기 알을 놓쳐서 우리 편이 졌다. 공기놀이에서 져서 속상했다. 나 때문에 진 것 같아 해찬이에게도 미안했다. 공기 연습을 열심히 해야겠다고 생각했다.

물건을 설명하는 글 어떻게 쓸까요?

122~125쪽

1 곰 인형, 연필, 수박　　**2** (2) ○　　**3** ②, ③　　**4**
(2) ○　　**5** ㉰　　**6** ③　　**7** ①, ②　　**8** (1)
예 청소기의 색깔　(2) **예** 청소기의 사용 방법　**9** (나)
10 **예** 갈색과 검정색이 섞여 있습니다. / 앞에 물건을 넣을
수 있는 바구니가 달려 있습니다. / 페달을 밟고 발을 굴려서
움직입니다.

1 욕심, 할아버지, 약속은 물건이 아닙니다.

3 연필깎이를 설명할 때에는 크기, 색깔, 모양, 사용 방법 등에 대
해 쓸 수 있습니다.

4 (1)은 장갑을 만졌을 때의 느낌에 대해 설명한 내용입니다.

5 ㉠는 필통의 색깔, ㉡는 필통의 쓰임에 대해 설명한 것입니다.

6 글씨를 쓰거나 그림을 그릴 때 쓴다는 것은 연필의 쓰임에 대
해 설명한 것입니다.

7 옛날 사람들이 쓰던 그릇의 모양과 재료, 색깔에 대해 설명했습
니다.

8 청소기의 크기, 쓰임, 색깔, 사용 방법 등에 대해 설명할 수 있
습니다.

9 떡볶이의 냄새, 맛, 재료에 대해 자세히 설명하여 쓴 것은 (나)
입니다.

10 아이가 말한 특징 중에서 주어진 자전거에 어울리는 특징을 한
가지 고른 뒤 그 특징을 설명하는 내용을 씁니다.

이렇게 써 봐요!

1 다른 사람에게 설명하고 싶은 물건은 무엇인지 쓰세요.

> **예** 새로 산 휴대 전화

2 **1**에서 답한 물건을 설명하고 싶은 까닭을 쓰세요.

> **예** 얼마 전에 새로 산 것으로, 내가 가장 아끼는
> 물건이기 때문에

3 **1**에서 답한 물건에 대해 설명할 내용을 세 가지만 쓰세요.

. **예** 휴대 전화의 색깔
. **예** 휴대 전화의 크기
. **예** 휴대 전화의 쓰임

4 **3**에서 정리한 내용을 바탕으로 하여 물건을 설명하는 글을 쓰세요.

> **예** 새로 산 휴대 전화
>
> 제 휴대 전화는 얼마 전에 새로 산 것으로, 요즘에 제가
> 가장 아끼는 물건입니다.
> 색깔은 검정색이고, 크기는 손바닥만 합니다.
> 휴대 전화를 가지고 다니면서 부모님이나 친구와 연락
> 을 주고받을 수 있습니다. 또 공부를 할 때 휴대 전화로
> 영상을 틀어서 필요한 것을 볼 수도 있습니다.

독 서 노 트

내가 읽은 책은?

읽은 날짜 월 일

책 제목	토끼의 재판
글쓴이	

1 이 글을 읽고 기억에 남는 장면과 그 까닭을 쓰세요.

✔ 기억에 남는 장면

[예] 호랑이가 토끼에게 있었던 일을 직접 보여 주겠다며 구덩이 속으로 뛰어내린 장면

✔ 그 까닭

[예] 토끼에게 속은 줄도 모르고 다시 구덩이 속으로 뛰어내리는 모습이 어리석게 느껴졌기 때문이다.

2 이 글을 읽고 어떤 생각이나 느낌이 들었는지 쓰세요.

[예] 나를 도와준 사람은 잊지 않고 그 사람이 어려울 때 도와주어야겠다.

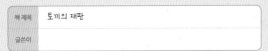 만족도 ·재미· ·지식· ·감동· 총 평점

※ 가이드북 16쪽에 있는 예시 답안을 확인하세요.

 ## 내가 읽은 책은?

읽은 날짜 월 일

책 제목	신통방통 소식통
글쓴이	임숙영

1 이 글을 읽고 새로 알게 된 내용과 그 내용에 대한 생각이나 느낌을 쓰세요.

✔ 새로 알게 된 내용

[예] 우리 몸의 다섯 가지 감각 기관이 주위에서 일어나는 일을 뇌에게 전달하면 뇌가 몸에 알맞은 명령을 내린다.

✔ 생각이나 느낌

[예] 뇌는 우리 몸이 하는 모든 일을 지휘하는 지휘관 같다.

2 이 글을 읽고 더 알고 싶은 내용은 무엇인지 쓰세요.

[예] 동물이나 식물의 감각 기관에 대해서도 알고 싶다.

 만족도 ·재미· ·지식· ·감동· 총 평점

※ 가이드북 16쪽에 있는 예시 답안을 확인하세요.

 ## 내가 읽은 책은?

읽은 날짜 월 일

책 제목	숲속 거인의 흥미진진 퀴즈
글쓴이	이춘영

1 이 글을 읽고 기억에 남는 장면과 그 까닭을 쓰세요.

✔ 기억에 남는 장면

[예] 랑랑이의 오빠가 거인을 착한 친구라고 말하는 장면

✔ 그 까닭

[예] 나도 거인이 오빠를 붙잡아 두고 있을 줄 알았는데 내 생각과는 다르게 오빠가 거인을 친구라고 말했기 때문이다.

2 이 글을 읽고 어떤 생각이나 느낌이 들었는지 쓰세요.

[예] 거인이 마을에서 사람들과 함께 행복하게 살게 되어 다행이라고 생각한다. 오빠를 구하러 간 랑랑이도 용기 있는 아이인 것 같다.

 만족도 ·재미· ·지식· ·감동· 총 평점

※ 가이드북 16쪽에 있는 예시 답안을 확인하세요.

 ## 내가 읽은 책은?

읽은 날짜 월 일

책 제목	열두 띠 이야기
글쓴이	정하섭

1 이 글을 읽고 새로 알게 된 내용과 그 내용에 대한 생각이나 느낌을 쓰세요.

✔ 새로 알게 된 내용

[예] 어떤 동물신이 대장이 되느냐에 따라 띠가 바뀐다.

✔ 생각이나 느낌

[예] 다음 해에는 어떤 동물신이 대장이 되는지 궁금한 생각이 들었다.

2 이 글을 읽고 더 알고 싶은 내용은 무엇인지 쓰세요.

[예] 띠가 열두 개만 있는 까닭 / 다른 나라에도 띠가 있을까?

 만족도 ·재미· ·지식· ·감동· 총 평점

※ 가이드북 16쪽에 있는 예시 답안을 확인하세요.
